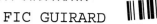
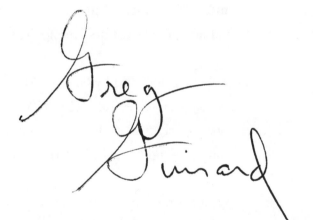

The Land of Dead Giants

Author and Publisher: Greg "Dancing Bear" Guirard
Illustrator: Kate "Docky" Ferry
Design: Greg Guirard, Kate Ferry, Judy Henry, Marce Lacouture
Additional Editing and Advice:

> Marce "Scooter" Lacouture
> Heidi "The Voice" Cunningham
> Janice "Janzie" Aillet
> Bernard E. "The D.A." Boudreaux, Jr.
> Michelle "Mitch" Guirard
> Harold Perrin "Andy" Anderson, Jr.
> André "Cruteville" Guirard

Typing and Re-Typing (and Re-Typing): Tracey "Faithful Pal" Hirsch

First printing: November 1991
English and French Edition: August 2001
ISBN: 0-9624778-6-9

T   97126

Typesetting and layout: Holly Carruth, ... *Magazine*
Cover design by Greg Guirard

Printed in Canada by the Friesens Corporation

The Land of Dead Giants

by
Greg Guirard

Illustrated
by
Kate Ferry

Contents

List of Characters—The Year Is 1948

Aristile "Vieux Pop" Guilbeau—age 68—a Cajun fisherman and thinker, born in the Atchafalaya Basin in 1880.

Alexson "Ti Frere" Shellgrave—age 12—grandson of Aristile, and a student of the old man's teaching.

Octavie Guilbeau Shellgrave—age 38—a woman who was born and raised on Bayou Goujaune, daughter of Aristile and mother of Alexson.

Wilferd "Brother" Shellgrave—age 37 when last seen in 1944—a full-time poacher of wildlife, husband of Octavie and father of Alexson.

Choupique LaCouture—age 28 in 1899—a logger who chooses to defend the largest cypress tree in the swamp.

Eulalie "Big Mom" Guilbeau—age approximately 98—Aristile's mother, who lives in town, plays cards for entertainment, and insists that everyone make a special effort to be happy every day.

Galveston Guilbeau—age 65—son of Eulalie and brother of Aristile, adventurer and world traveler, intent on taking over South America, according to Eulalie.

Lash LaRue—age approximately 27—a Hollywood cowboy movie star, born in Louisiana, an amazing talent with a bullwhip.

Crapeau Ardoin—age 66—one of Aristile's old friends, a fisherman who loves to eat, play cards and make music.

Placide "Seed" Laviolette and Clairmille Trosclair—age mid-60's—two old friends of Crapeau and Aristile, members of the regular cooking, card-playing and music-making group.

Wilson—age 35 in 1899 — a logging boss intent on cutting down every cypress tree large enough to produce marketable lumber.

Sherwood Anderson—1876-1941—American novelist and short-story writer born in Ohio. For a time in the mid-1920s, Anderson lived in New Orleans, where he met and spent a memorable afternoon with Aristile Guilbeau.

Moccasin—Alexson's mixed-breed dog and constant companion, except when the boy is in school learning to speak English.

Ti Bird—a red-shouldered hawk rescued as a chick and raised by Alexson.

Terms Unfamiliar to Some Readers

(Those readers who know everything already are welcome to skip this part.)

bayou—a small natural stream with slow-moving water, except in times of flood. From the Choctaw *bayuk* for creek or small river. A bayou can flow through a swamp as well as through drier areas.

swamp—a natural low-lying area, usually covered by water, where plant growth is generally limited to baldcypress, water tupelo and small shrubs which can tolerate year-round inundation. Aquatic plants, such as water hyacinth and duck weed dominate the surface.

marsh—a low, watery area with few trees, usually closer than a swamp to a body of salt water, such as the Gulf of Mexico, where various shrubs and grasses flourish, some with a high tolerance for salt or brackish water.

levee—a long, raised earthen structure, a dike, generally built to guide or control the flow of water. There is a levee bordering the eastern and western sides of the Atchafalaya Basin, built by the Corps of Engineers in the early 1930s.

Atchafalaya—"the deepest river in the world," a relatively short river running south from mid-Louisiana into the Gulf of Mexico. From the Choctaw *hacha falaya* for "long river." The Atchafalaya receives most of its water, and silt, from the Mississippi River.

baldcypress—the most common tree in the swamp, an extremely valuable tree for its wood, which is durable, easily worked and resistant to termites and rot.

pirogue—a small, flat-bottomed, canoe-like boat, formerly made of cypress, now usually made of marine plywood, fiberglass or aluminum, powered by a paddle and commonly used before the time of outboard motors for fishing, moss-gathering and travel.

trading boat—a large, wooden, flat-bottomed river boat usually belonging to a fish buyer located in a city or town. Trading boats would visit fishermen living along the Atchafalaya River every two or three days. Fishermen held their catch in "liveboxes" (framed enclosures of chicken wire which were partially submerged in the river or bayou and in which fish were kept, awaiting transfer to the hold of a trading boat). Swamp and river dwellers generally traded their fish for clothing, fuel, hardware, canned goods, fresh meat, ice, or whatever they might order and have delivered on the trading boat's next trip into their area.

Children who gave trouble might have to face such graphic threats as: "If you don't behave, I'm gonna hold you in the livebox and trade you for a can of green beans when the next boat comes."

crosscut saw—a six to eight-foot-long handsaw operated by two men, one on a handle at each end, and used to cut down cypress and other marketable trees in the basin of the Atchafalaya River and elsewhere.

springboard—a stout piece of lumber six feet long with a metal "lip" bolted to one end. Holes five to six inches deep were chopped into a tree trunk, and a springboard was jammed into each hole, providing the logger with a narrow, horizontal platform on which to stand while using his axes or crosscut saws.

annual rings—growth rings of a tree which are revealed and can be counted when the trunk is cut through and the tree falls away. Each ring usually represents one year's growth, so it is easy to determine a tree's age by counting them.

alligator gar—a large, edible freshwater fish once abundant in the swamps and rivers, and frequently weighing over two hundred pounds.

gaspergou or goo—a local name for an edible scale fish more commonly known elsewhere as freshwater drum.

goujaune—the yellow catfish, a favorite for eating among the Cajun fishermen themselves.

choupique—a bowfin, a swamp fish considered bony and unappetizing by some, but prized by others. Choupique breathe air and survive dry periods by burrowing into the wet mud of bayou or lake bottoms.

buffalofish or buffalo—another river and bayou fish of commercial value, a species of carp that spawns in the swamp.

sac-a-lait—the white perch or crappie. A panfish highly prized for sport and eating.

en Ville—in New Orleans, a Cajun name for Louisiana's biggest city.

Chitimacha Indians—a tribe of native Americans who lived, fished and hunted in the lower Atchafalaya Basin area before the white people arrived. The Chitimacha live today in the small town of Charenton, on the lower western side of the Basin.

muscadines—wild grapes that grow on vines in the big oaks along the bayou. Muscadines are used in making jelly and wine.

grosbec—the yellow-crowned night heron, now protected by federal game laws, but frequently eaten by Cajuns anyway.

hoopnet—a cylindrical mesh net from three to six feet in diameter and seven to twelve feet long, whose shape is maintained by a series of bent wood, steel or fiberglass hoops.

crapeau—a frog or toad.

Cajun French——a vernacular linguistic form of French spoken by about 250,000 people in Louisiana. It is characterized by the Acadian historic origin of its speakers (exiled from Eastern Canada in the mid-eighteenth century), and also by contacts that these communities established with other French-speaking groups and with the non-French-speaking population in Louisiana—Spanish, Native Americans, and English speakers.

Cajun French has never been officially standardized. Some variations in grammar, punctuation, and vocabulary exist in the French-speaking parishes, but those differences do not prevent understanding and communication.

for Hannah - 3/3/91

The author wishes to acknowledge, with considerable gratitude, the financial assistance provided by the following individuals, companies and/or organizations toward the publication of this book:

Badger Excellence in Education Foundation
Ken Burns
Zachary A. Casey
C.O.D.O.F.I.L.
Charles, Jeanne, Fallon & Caroline Goodson
Knight Oil Tools
Alfred Lamson
Marvin A. Munchrath
Parker Drilling
Stone Energy Corporation

Prologue

The Atchafalaya Basin is a vast area of nearly one million acres of forests, bayous, swamps, rivers, and lakes. For two centuries it was home for several thousand fishermen, hunters, loggers, trappers and their families. Now the logging has ended, since all of the big trees were felled and cut into lumber many years ago. Almost all the fishermen have moved their homes to communities bordering the eastern or western edges of the Basin, outside the big levees that contain and define it. Because the fishing grounds are still productive, hundreds of fishermen enter the Basin in outboard rigs on a daily basis and leave at day's end with their catch of crawfish, catfish and other finfish, turtles and frogs. They have moved from the Basin itself to avoid the spring flooding that occurs there regularly and because they have become accustomed to having the conveniences of modern life close at hand: supermarkets, schools, jobs, television, telephones, automobiles and shopping malls. They have given up a great deal to gain little.

For the most part, this story does not concern the people who left the swamps. It deals instead with an older way of life—that of a people who lived close to the big woods and the waters, who lived from day to day on the fish they could catch and the birds and animals they could hunt. Though they would sometimes sell their catch to the trading boat companies for money, they more frequently exchanged their fish for other food, for clothing, fuel, shotgun shells, or tools. There was little need for currency except on rare trips to the little towns on the edges of the great Basin, where they could purchase articles not readily available on the trading boats.

Their houses were simple and well constructed, and their yards usually contained an assortment of domestic animals such as a milk cow, chickens, ducks, and geese, and a family of hogs.

Like most people in South Louisiana in those brave simple days, they spoke Cajun French and very little English. To be sure, there were communities here and there in the Basin where English predominated. After the American Civil War, many homeless and jobless people moved into South Louisiana where they could find work in the lumber industry, and where fish and wildlife were still abundant. These people came from several states, including Mississippi, Alabama and Tennessee, and they were speakers of English. But the individuals whose lives are a part of the story you are about to read—Aristile Guilbeau and his little family—were Cajuns, and they spoke Cajun French.

To simplify matters for those of you who never learned to read or speak Cajun French or Cajun English, the dialogue is written in standard English, reducing its flavor considerably, like a sauce picante without cayenne pepper, but making it intelligible. Life is a tradeoff, and compromises must be made at every turn, it seems. Only on rare occasions when Aristile tries to say something in English are his words written as he really says them: "Not'ing lasses fuh evah," as he used to say, and even Cajun French has had its day.

It would be unfortunate, however, if the reader were unable to fix in his mind the pronunciation of at least three French words—*vieux*, *frere*, and *'ti'*. *Ti* is easy enough, and for convenience I have dropped the apostrophes: say Tee, which means little, and comes from *petit*. *Vieux* means old, and is pronounced almost like view, but instead of a "u" sound at the end, substitute the first half-syllable of the word earth or early. *Frere* means brother, and it rhymes with where, but roll the first "r." Try it a few times.

If you can't get it right, call me. I live on the outside edge of the Basin too, and I have a telephone.

12

The Land of Dead Giants

Big Mom told my mama once that she likes my dad better now that he's dead. That's one of the things she thinks about every day to make her happy. "You know, Baby Girl," she said to Mama, "I like ol' Wilferd just fine now that he's dead. But let me tell you right now, he better stay that way if he knows what's good for him." Mama didn't say anything. She looked at me where I sat at Big Mom's dining table, eating blackberry pie, but I couldn't tell if she was sad or embarrassed or angry. She never wants to talk to me about my dad. I can look right at her and say, "Mama, is my dad coming back someday?" or "Why didn't my dad take me out in the woods with him like Vieux Pop does?" or "Did my dad like me?" And she'll just say, "Eat your gumbo before it gets cold, Ti Frere," or "Don't forget to milk the cow before dark," as if I never asked her anything at all.

Names

Almost every Cajun boy in those days had a nickname that generally stayed with him for his entire life. Ti Frere had a given name, Alexson, but most people called him Ti Frere anyway because that was the custom. How did he get the name Ti Frere? Simple. His father, Wilferd, was born the last of six brothers and five sisters, and the baby's parents were at a loss to come up with one more name, so they put off formal naming until the boy was almost two years old, at which time they chose the name Wilferd, having heard the name Wil*fred* once or twice on their old radio. But they had begun calling him "Brother" from the beginning, for lack of a formal name. Wilferd was not Cajun and could not speak French, but when he and Octavie had a son, the boy became known as Ti Frere (Little Brother) anyway, since the Guilbeau family was distinctly Cajun.

On a bitterly cold and rainy night one January, when Alexson was eight years old, Wilferd had failed to return from a poaching trip in the Basin, and his body was never found.

Aristile had been called "Steel" as a young man, then Pop by his children and eventually Vieux Pop by his grandson Ti Frere, to distinguish him from Pop, which is what Ti Frere called his father. Only Aristile and Octavie called Wilferd Wilferd. Others called him Brother, or Brudda.

Ti Frere would continue to be called Ti Frere if he stayed relatively small or short. Otherwise he would gradually come to be called simply Frere. But for the time being Ti Frere remained Ti Frere, and Vieux Pop remained Vieux Pop.

These people, excepting Wilferd, grew up speaking Cajun French, and they learned and accepted English reluctantly, as it was the language of outsiders to them, the language of big landowners from other states, oil men from Texas and Oklahoma and voices on the radio. Aristile spoke almost no English at all until he was middle-aged, and he always felt more comfortable expressing himself in Cajun French. It was a matter of considerable satisfaction to him that Ti Frere also preferred that language.

Like all the children his age, Alexson was forced by threat of punishment to learn and always speak English at school, but he usually spoke only Cajun French when he was away from school.

The home of Aristile, Octavie and Alexson was a one-story unpainted cypress structure surrounded by a picket fence made of hand-split cypress. There was a front porch across the entire width of the house and

a back porch as well. The big yard contained several other buildings: a chicken coop, three dog houses with pens, a small barn for the milk cow and the hogs, an outhouse, a shed for tools and storage area for dry firewood. In a separate fenced area was a sizeable vegetable garden. There were pear and fig trees and a small citrus orchard, and there was a small field where Aristile grew corn to feed the animals and also sweet potatoes, melons and whatever else suited his fancy. There were several rose bushes. Everything grew well in the rich soil of the river delta.

There was a tar vat with a wooden structure above it that allowed Aristile, by using ropes and a pulley, to dip his hoopnets into hot tar periodically in order to preserve them from rotting. The house itself was no more than twenty feet from the bank of Bayou Goujaune, so named because it contained an abundance of yellow catfish.

The Guilbeaus had lived in the Atchafalaya Basin for several generations. Almost from the beginning of the Acadian relocation from eastern Canada to Louisiana in the 1760s, the Guilbeau family was known to have a love for unspoiled nature and the big woods in their blood. Aristile's father was recognized as one of the best fishermen and hunters in the entire Basin. He dropped dead of heart failure one day while pulling a heavily-loaded hoopnet into his boat. He was ninety years old, and the fisherman who found him claimed that the old man still had a smile on his face.

Aristile's wife and four-year-old son had died years earlier when fire consumed the houseboat on which the family was living during that spring's flood. Octavie, who was ten at the time, was spared only because she had begged to accompany her father early that day when he left to raise his nets, and he had agreed.

Wilferd

Wilferd was proud of his marksmanship: "I seen the day when a pair of wood ducks was comin' straight over me, almost dark, and I had my ol' single-shot 12-gauge; used to hold one shell in my left hand against the front stock, so I could reload real quick. Well, I dropped the first duck right at my feet, reloaded without takin' my eyes off the second one, and dropped that one too, as it was goin' away from me. Now that was quick— two woodies with a single-shot Remin'ton. Tell you one thing: I don't mess around when it comes to killin' ducks."

One thing Wilferd didn't tell about was the time he had tested his new deer rifle on some beavers that had a lodge a hundred yards or so from a little camp he had on the edge of Buffalo Swamp where he did most of his poaching. Wilferd shot two of them and left them there to rot, didn't even skin them for the pelts, because there wasn't enough easy money in it. A few weeks later, when he was away, the other beavers came by and cut down the biggest tree growing close to his camp—a black willow about 2 1/2 feet in diameter—and made it fall right on the shack. Smashed it to

pieces. Wilferd used that as an excuse to shoot beavers whenever he saw them, but he never rebuilt his poaching camp, and it was the following winter that he disappeared.

Ti Frere was his son, and Wilferd wanted the boy to grow to be a man like himself, skillful in the woods and swamps, able to find and slaughter wildlife at will, and never, never get caught by the game agents. Wilferd resented all laws that applied in any way to him or his activities. Whenever he could do it safely, he stole from other fishermen and hunters, even those he had known all his life. He took nets and traps, fish, shotguns, paddles, whatever he could pick up and carry off.

Wilferd hated the game agents and the sheriff's deputies whose job it was to prevent theft and poaching, and he gloated over his talent for evading the laws. He would complain loudly, whenever he encountered an agent or deputy, that some crook had stolen his pirogue or his nets.

"Why don't you clowns catch those thieves?" he would yell. "You get a big paycheck and the fastest boats, but you can't even protect the poor people!" It was not true that anyone had stolen from him, and it was not true that lawmen were well paid, but Wilferd liked to say those things anyway.

"Tell you one thing," Wilferd would always begin. Then he'd tell you several things you really didn't want to know, things that were mostly lies anyway, or rumors, or big, unrealistic plans.

Wilferd had his own theory to explain every event and his own analysis of every action. In his eyes, everyone was trying to keep him down or take advantage of him in one way or another.

Years earlier, when Octavie was ready to accept Wilferd's proposal to marry him, she had gone to Aristile for his approval. It was a formality, for she had already decided she would marry Wilferd.

"All vines and no muscadines," he said. Aristile was nothing if not honest and straightforward. He looked Octavie in the eyes and said it again: "All vines and no muscadines."

"But, Pop," Octavie said, "Wilferd's a smart one, and he has plans of all kinds to make us a better life and lots of money. Good plans," she insisted.

"Thunder don't wet the ground," Vieux Pop said, and he was through giving advice that was not wanted.

Pop doesn't like Wilferd, because he's different from most of the young men around here. He can see that there's more to life than setting nets and crawfish traps, hoping that the catch is good enough and the price is fair enough to make a few dollars, working all the time, barely getting by. The buyers will never be fair with the fishermen—everybody knows that, so what's the use?

Big Mom doesn't like Wilferd either, but there's a reason for that. She's getting too old to understand what's going on; and besides, she has a grudge against the whole Shellgrave family. I don't want to live here forever. It's too lonely since Mama died. It's too far away from everything—no friends, no dances, no nothing. Mass on Sunday at the big Catholic church in town, a movie trip now and then, holiday meals at Big Mom's—it's not enough.

Pop would've been happy if I'd married Valsin, but after he drowned trying to save those kids when the trading boat sank in the river, no man would even look at me, out of respect for the memory of Val. What a life I'm having!

An Encounter

One day in April Wilferd had come out of the swamp with his pirogue loaded almost full of young night herons that he had killed when they were nearly big enough to fly out of their nests. The people to whom he sold game were particularly fond of the taste of these tender young birds, and they paid Wilferd a high price for them.

Aristile was just going into the swamp to bait his crawfish traps that day, and he stopped to examine the pirogue loaded with dead birds. It was not his style to criticize the ways of others, but this disgusted him. He always spoke English to Wilferd, by necessity:

"You total-loss dose poor grosbecs, din't you Wilferd? Why you do dat kind of 'ting? You got no right to kill dose helpless yong heron. Why you don' work like any man? If you don' like to fish for a living, you could get you a good job in town, or with one of dose oil company."

"Get out of my way, Aristile," Wilferd shouted. He always called Vieux Pop by his real name. "Don't try to tell me how you think I should live my life." He bumped his father-in-law's pirogue with his own.

Vieux Pop almost never got angry, but he was getting there now. "If you don' stop dis kind of 'ting, Ah'm gonna have to turn you in to de gameward. Ah don' see no udder way to stop you."

"You turn me in, and I'll leave here with your daughter and grandson the same day," Wilferd snarled, "and you'll never see them again, I promise you dat," he said, mocking Aristile's accent. Then he moved on.

Hell, I can make more money in one mornin' than that old fart makes in a week of hard work baitin' and runnin' crawfish traps. And he thinks he can tell me what to do! Before I know it he'll have my kid thinkin' the way he does: "Come here, Ti Frere; let me show you how to patch a pirogue"..."Come with me for a walk, Ti Frere; I want to explain something to you about this and that"...Big deal! Far as I'm concerned, he's just like that old car rotting away out in the swamp, the car on that poster me and Octavie brought him from New Orleans. He keeps it up on his wall like if it was a religious relic or somethin'. I'm gonna use it to start a fire in the woodstove one day—see what he thinks about that.

Aristile paddled on, never looking back at Wilferd and his boatload of dead birds, and his thoughts drifted to his grandson.

Aristile loved Alexson more than anything or anyone, and he had been teaching the boy everything he knew and felt about life in the big woods and the swamps. He didn't think that Ti Frere knew yet of the illegal things his father did, but he suspected that it would not be long before Wilferd began trying to get his son to help him in his shady activities. And Vieux Pop was not certain that his own teachings would stand up to the heavy pressure that he knew Wilferd would use on the young boy.

It was not with deep and genuine sorrow that most people in the area greeted the news of Wilferd's disappearance the following January. Even Aristile, the kindest and most decent man on the bayous, had to admit to himself that he felt more relief than sorrow. It made him sad to see Ti Frere and Octavie so grieved, but he knew that they would all have a better and more peaceful life, now that Wilferd was gone.

There was no funeral, since the search for Wilferd's body had been unsuccessful and was abandoned after several days of combing the swamps and dragging the bayous and the big river, but the family was in formal mourning for several weeks, as was the custom. Aristile was left with an uneasy feeling that Wilferd was not dead at all, but that he had gone into hiding for reasons known only to himself.

That man is too smart and too mean to let the swamp or the river get him, or even a bear or a panther. It's a sad thing to say, even to myself, but I hope I'm wrong to think that he may be in hiding somewhere. I hope I never have to see him again, dead or alive.

Philosophy

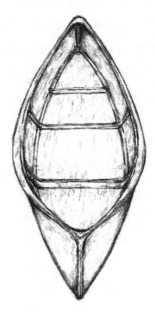

Aristile had built his own pirogue, and it didn't have a single splinter, and not one rotten piece of wood anywhere either, even where you couldn't see—the integrity of unseen parts. Sometimes, it seemed to Ti Frere, Vieux Pop lived to do things right, and he found contentment there: "Listen," he would tell the boy, "if you build a set of shelves for the kitchen and you leave a rough place in the wood, or a rotten place or a crack, that's not right, even if the bad piece is against the wall on the bottom side of the shelf and you cover it with a finishing strip and you paint the whole thing and you put the shelves in a cupboard or a closet where it's dark, it's still no good. Every time you go in there and get something off the shelf, you'll remember that rotten place and you'll feel bad about it."

No one could accuse Vieux Pop of being proud or vain in any way, for genuine humility was as much his essence as a dark and mysterious beauty is the essence of the great swamps. But he never regretted being born a Cajun, and he was always grateful for whatever powers had placed him in the Atchafalaya Basin at birth, for he loved every bayou and swamp, every tree and stump and every animal and fish, including those he hunted and killed to feed his family.

It was Vieux Pop who taught Ti Frere to fish and hunt and to let humility guide him rather than pride. "The time will come when you are a better hunter than I am, Ti Frere; and when you kill a beautiful buck so that we can eat, you will feel an excitement unlike any other. Blood will rush to your face, and your heart will pound as if it wants to burst out of your chest. This is good, and as it should be. But you must respect the animal whose life you have taken. There is no denying that the hunt is fun and exciting, but it is wrong to kill only for fun. Never kill more than we can eat, and never lose sight of the possibility that there are spirits everywhere—in the woods and waters, in the air and in the birds and animals and trees themselves, as there are in us. If any life is sacred, then every life is sacred, and it's love for life itself that really matters. You must not ignore or forget that."

Vieux Pop realized that he was preaching, and he almost never did such things. He knew that Ti Frere's understanding of what he had said was limited, but the boy was more than willing to listen. Aristile felt that the words he had spoken would be remembered, and that Alexson would grow to understand them gradually, as the years went by and his experiences accumulated.

Fishing

Almost every Cajun boy, by the age of nine or ten, had begun fishing commercially on a small scale, learning early the skills that would support him and his family as he grew older, if he chose to continue living in or near the Basin.

Ti Frere had his favorite methods of fishing, and one was with floating gar lines. He used the man-sized cast net that his mother had handmade for him to catch bait fish. He would collect ten or twelve dry

willow branches or stakes whose bark had been eaten away by beavers or nutria. To each he would attach a stout cord of three or four feet and to the cord he would tie a steel leader made of old piano wire, for the teeth of an alligator gar can easily cut any rope or string. Then he would put a large hook at the end of the wire and bait it with one or more of the small fish he had caught in the cast net. He would paddle to the middle of the river and place his lines in the water all around his pirogue, then drift downriver, hoping for a large gar to swallow one of his bait fish and pull the stick under water.

I know why Vieux Pop made my pirogue so big. He says he did it that way because a fourteen-footer can carry more fish and I'm getting to be a good fisherman. But I think it's really because he's worried about me being by myself on this deep river. Small pirogues are too easy to turn over. It's all old red cypress from one of the big trees like those whose stumps I see all over the swamp when I run my catfish lines and turtle traps. "Dat ol' oily cypress won' nevah rot, no. You can paddle you to mah funeral in dat same pirogue, Ti Frere. Hit's de bess wood dey got."...Why do people have to get old and die? If God can do things any way He wants, why doesn't He let people get to a certain age and just stay there? I don't want Vieux Pop to ever die.

As he floated with the current, Ti Frere spent his time daydreaming, reading one of his favorite books or practicing English by talking the strange language to himself. Every few minutes he would count his floating stakes. If one or more were missing, he knew that he had hooked a gar or a catfish. Whatever fish he caught would be big because the river was 150 feet deep, and smaller fish stayed mostly near the banks or in the swamps. At least, that was his theory, and he had caught some beautiful fish.

An alligator gar cannot breathe for long under water and must frequently return to the surface for air. Even a catfish, which does breathe when submerged, feels the upward pull of a light wooden stake. It was when the hooked fish returned to the surface that Ti Frere could spot the floating stake and chase it down in order to pull in the catch. It was an exciting moment for the boy when he saw one of his stakes moving across the surface of the river and allowed himself to imagine what fish might be pulling it.

Aristile had once caught a 260-pound garfish in one of his nets and sold it for twenty-three dollars to the fish buyer in town. It was hard enough for Ti Frere to handle a twenty or thirty-pound fish and get it into his pirogue without overturning in the big river, but he dreamed of catching a real "monster" like Vieux Pop's fish. Whatever fish he caught Vieux Pop would sell in town and Ti Frere could use the money to buy shoes or books, more fishhooks or lines, or enough cord for his mother to make him a small hoopnet.

The Woodpecker Tree

Ti Frere loved to explore the swamps on foot or in his pirogue, depending on the season of the year and the depth of the water. He liked best going into remote places where he told himself that no other person, not even Aristile, had ever been. He would hide at the base of one of the the tall hollow cypress trees that had been long dead but was still hard and solid, and a favorite tree for the big pileated woodpeckers that lived in the swamp. And he would wait.

When the bird began to pound loudly with its powerful beak on the upper part of the old tree, Ti Frere would lean his forehead against the trunk so that he could feel the vibrations running through the dense wood and into his own body. Sometimes he would put a hand and a knee against the tree trunk. If the woodpecker were a big one and the tree were tall, though it was only the shell of the tree, he could feel the vibrations in the ground he stood on, and even in the air.

It was at these times, when he stood alone at the woodpecker tree, that Ti Frere felt most in touch with something mystical and mysterious. There was an unexplainable warmth, a sense of significance far beyond his comprehension.

He would carry this feeling with him through the day and into the night so strongly that he would awaken sometimes to a drumming in the air that he recognized as the feeling of the "woodpecker tree." It was always a good feeling, and he would fall asleep again with a smile on his face. Many years later, and hundreds of miles away from the swamp, he would awaken to that same drumming, and at first he would think himself back in his little bed at Vieux Pop's cabin on Bayou Goujaune.

The Town

There were some uncommon people living in the Atchafalaya Basin back in the 1940s, and Aristile Guilbeau was singular among them. He was a widower, and he grew several varieties of roses to honor the memory of his wife, who had loved roses and taught him to love them. He was always giving away roses. Aristile was strong and healthy, honest, sensitive and understanding, generous, gentle and insightful. He was as Cajun as squirrel jambalaya and alligator sauce picante, and he spoke two languages—French and English—though the standard form of either was not nearly as familiar to him as the depths of the great swamps that surrounded his little cypress house on the bayou.

Aristile was born in the Basin, and though he traveled to New Orleans once, he almost never left the swamps and the bayous except on those Saturday evenings when he would take Ti Frere and Octavie to the picture show, as movies were called in those days before television, in the small town just outside the western edge of the Basin. Octavie would sometimes skip the picture show to visit friends in town. The small family would make the four-mile trip in Vieux Pop's putt-putt fishing boat, and if it were a Tarzan film with Johnny Weismuller, Aristile would go into the old theatre on Main Street and see it himself, because he admired Johnny Weismuller for his great abilities as a swimmer and diver. Otherwise he would visit his mother, Eulalie, and hear of the exploits of his brother Galveston Guilbeau, who, according to Eulalie, would soon own all or most of South America. It was Ti Frere's opinion that his Great Uncle Galveston probably led a far more exciting life than anyone else he knew personally.

"Which countries has he been taking over?" I ask Big Mom.

"Countries? They have countries down there, Alec?" At least she knows it's somewhere south of the Gulf of Mexico.

"Well sure, Big Mom, there's plenty countries in South America, and in Central America, too." I've been studying Latin American geography in

school, and I'm showing off.

"There's Argentina and Brazil and Bolivia and Peru and several others. And in Central America there's Guatemala and Honduras, Costa Rica and El Salvador." I can't remember any others.

To her Central and South America are pretty much the same place—"the Tropics." She wouldn't have any interest in the area at all except that my Great Uncle Galveston is somewhere down there, taking control. Vieux Pop says that when Uncle Gal comes back, it'll probably be in a wooden box.

Big Mom had read once, in Reader's Digest *probably, that everyone needs to make a special effort to be happy every day. She was stuck on the idea. "Did you remember to be happy today, Alec?" she'd ask me. It would always make me sad.*

The only cowboy film Aristile would watch was a Lash Larue picture. Not only was Lash Larue a Louisiana man, but his skill with a bullwhip was amazing as well as authentic. Any clown could ride a horse and beat up bad guys on film, but Lash Larue could do things with a long whip that no one else could, on or off the screen.

He had come to the little town, in person, one Saturday night and performed on stage at the theatre. Aristile himself had gotten involved in a small way. He was sitting up front and had bought a bottled soda for Ti Frere. Just as he was about to open it by pushing up with both thumbs under the edge of the cap, Lash Larue  called out, "Sir, if you will allow me, I'll open that pop bottle for you." So Aristile walked toward the stage, without embarrassment, intending to hand the bottle to Lash Larue, who stood quietly at the left, in the solid black cowboy clothes he always wore. As Aristile began to cross the wide stage from the right, Lash Larue signaled him to stop. "Hold the bottle toward me," he commanded, and Aristile did. In a movement so quick that many in the theatre didn't see it coming, the cowboy in black popped the cap off the bottle with his whip and caught it as it flew toward him. Aristile walked over and shook hands. *"Bien fait,"* Vieux Pop said, "Well done." Then he returned to his seat next to Ti Frere, who was bouncing with excitement and smiling happily.

Lash Larue then had a beautiful young woman assistant stand at a distance of twenty or twenty-five feet from him and hold a burning cigarette between her lips, her profile to him. First he flicked the ash off, slowly and carefully, as though he were not quite sure he could do it safely, taking a long time to aim his whip, so as not to injure the woman's face. Everyone assumed that the trick was over and began to applaud. The young woman did not smile and bow but remained as motionless as a great blue heron waiting for a minnow to surface in the water below it. Then, as quick and unexpected as a bolt of lightning, Lash Larue struck again and again. His big black whip was a blur as it cracked loudly and cut off a small portion of cigarette each time until there was only a tiny length of it extending a fraction of an inch past the woman's lips. The stage around the woman was littered with half-inch fragments of the cigarette.

Lash then bowed and looked at Aristile, who smiled and nodded, then shook his head in disbelief. The audience was so shocked by the loudness and suddenness of what they had just seen that their applause was delayed. After the performance, the film began, and Aristile decided he would like to invite the great Lash Larue to visit and have a meal with him at home, for he admired his talent and wished to know whether his character was equal. When he looked for the cowboy in black, though, he was told that Lash Larue had already left for the next small town, where he was scheduled to perform again later that night.

Ti Frere didn't know that his grandfather had once been nearly as skillful and amazing in his own way, with his own tools, as Lash Larue was now with his bullwhip. That was part of Aristile's dark secret; and if there was an ounce of fear in the nearly fearless old man, it was that Ti Frere would discover his secret before he found the strength to tell the boy about it himself.

When the film was over, Aristile and Alexson walked the few blocks to Big Mom's house, where it had been agreed that they would meet Octavie and have a cup of coffee and a slice of pie before starting for home on the dark bayou that ran by the little town.

Big Mom lives alone in a little house in town. She must be 150 years old. We stop in to see her whenever we go to the picture show, or to Sunday mass. She comes out to our house sometimes for Easter and Christmas, or we go to her place to celebrate holidays and birthdays.

She never cared much for the swamp. It's too wet and stinky, full of alligators and snakes and furry things under logs. She has her friends, and they take turns playing cards at one another's houses. Her name is Eulalie, but it was a surprise to me one day to hear her called that. To me she had always been Big Mom. I said her name over and over until it sounded silly and strange: Eulalie, Eulalie, Eulalie. Sounds, eh? You can repeat them and change them any way you want; you can play with them in your head. And you can do it while you're doing something else, like walking in the woods, or fishing, or painting your pirogue.

A Game of Cards

By the time he was twelve, Ti Frere had heard hundreds of stories about how beautiful and wild the cypress swamps had been in the old days, how there were deer and ducks, black bear, panthers and wildcats, huge fish and snapping turtles, snakes and alligators everywhere. And there were towering cypress trees in every direction, further than the eye could see and even further than a strong man could paddle his pirogue in a week. It was the thought of the dark forest of big trees that always captured his imagination in those days. The boy would often sit on the firewood box in the corner of their cabin and listen to Vieux Pop and his

buddies talk about the old times, while they ate an evening meal of courtbouillon or fried catfish, and then played bourré, their favorite card game, on the kitchen table. On long winter evenings they often played music as well.

If he closed his eyes while they spoke, he could see the great forest of tall straight trees, full of birds and squirrels and raccoons in their branches, deer walking in the shallow water at their bases and black panthers lurking silently in the shadows. There were fish swimming lazily in the clear swamp water and flock after flock of ducks and geese in the sky, calling as they migrated or looked for a place to land and feed.

In the warm little room, with the air scented by wood smoke from the old cookstove, and by the aroma of fresh coffee that his grandfather and the others always drank in small cups, Ti Frere would fall asleep on the woodbox and come half-awake every time one of them laughed or slapped a winning card down, rattling the cups and the piles of nickels and pennies in front of each man. Then the room would become quieter once more, and his dreams of alligators and owls, ducks and black bears could begin again, always against the dark background of the legendary and unbelievably huge trees.

Finally the game would end, the men would disappear into the night, and Vieux Pop would carry Ti Frere gently to his bed. Octavie would be long asleep by then. She would usually complain about her son's staying up too late, but she always let him have his nights on the woodbox.

Aristile and three of his old buddies—Crapeau Ardoin, Clairmille Trosclair and Placide Laviolette—were playing bourré one cool autumn night, and Ti Frere was sitting in his regular spot, atop the woodbox in the corner, watching and listening. Crapeau Ardoin slapped an ace down and took the winning trick: "Got chou dat time, Steel, you ol' springboard jumper, you!" Aristile glanced quickly at Ti Frere, wondering if he had heard the remark. Ti Frere was looking at Crapeau.

"Yo deal, Steel," Clairmille said. "You better get you mind on de game, ol' buddy, or we gonna take all you catfish money right now." He thumped the worn deck of playing cards lying on the table next to Aristile's small pile of nickels and pennies. "Han' me dat udder deck, Violet," he said to Placide. "Come on! Y'all wanna play bourré, or what?"

"Ti Frere, put dat pot of coffee on de stove and check de wood," Vieux Pop said, a clear note of discomfort in his voice. He glanced at Crapeau and frowned before beginning to shuffle the cards. Crapeau squinted back at him as if to say, "Sorry, Steel, but you gonna have to tell 'im about it one of dese days."

Vieux Pop nodded at Crapeau as though he knew what his old friend was thinking, excusing him for the remark and agreeing with his logic, the wordless nod conveying acceptance of both the unspoken apology and the equally silent advice: He would have to tell Ti Frere someday that he and his old friends had cut down thousands of the big trees. Hundreds of acres of old growth cypress had been leveled by the same four pairs of hands now holding cards at the little square cypress table in Vieux Pop's house on Bayou Goujaune.

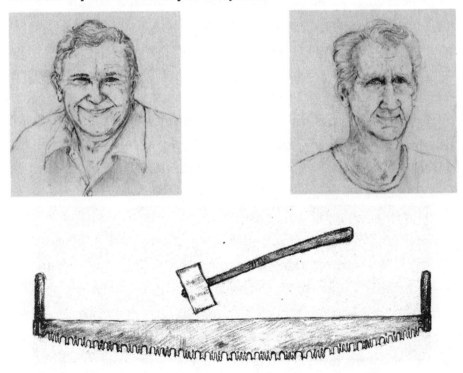

Ti Bird

In spite of his youth, Ti Frere frequently traveled several miles from home in his pirogue, accompanied only by his dog Moccasin and his red-shouldered hawk Ti Bird. He had found the hawk, only a chick then, almost a year earlier. Someone or something, a big wind maybe, had knocked the hawk nest out of a cypress tree, and it had fallen into the water. When Ti Frere came along, he saw a small hawk trying to balance itself on a piece of driftwood to keep from drowning. It was wet and cold and nearly starved.

Ti Frere knew that hawks usually hatched three eggs, but he was unable to locate the other baby birds, so he approached the one he had found, cut small bits of fish and crawfish from his morning's catch and offered one to the bird. At first the little hawk was too frightened or too weak to eat. He only held the piece of fish in his beak and watched Ti Frere and Moccasin, never having been so close to a human or a dog in his short life. Finally he snapped at the piece of fish and swallowed it. Almost immediately the little bird seemed to gain strength and interest in his food. Ti Frere offered him piece after piece, and he gobbled them down quickly until the boy decided he had had enough.

"What will you name it?" Octavie asked when Ti Frere took the hawk into the house. She moved the feathery young thing from the dining table to the window sill so she could set out the supper dishes. She herself had a pet baby alligator at that time.

"How about Ti Bird?" suggested Ti Frere, who was trying to learn to use English words. A year earlier he would have said *Ti Zoiseau*.

Ti Bird enjoyed riding around on Ti Frere's shoulder in the few weeks before it learned to fly, and its favorite trick was to make a nest-like arrangement of Ti Frere's thick hair, and sit there surveying the scene. When the boy bent over or moved quickly, Ti Bird would dig its talons into his hair and scalp, to avoid falling off, and Moccasin would bark jealously.

When Big Mom finds out that we have a hawk living in the house, she just about throws a fit. "Baby Girl," she starts in on Mama, "don't you know that's not clean? What are y'all trying to do out there, live like the savages?" That's what she calls Indians. She may be right: we had, at one time, a baby owl in the house, whose favorite playmate was one of our calico kittens.

I go to Big Mom's house after school some days. Sitting in her dining room, I can see the wharf where they tie up the school boat that carries me and the other kids home, those of us who live along the bayous where there's no roads. She always has homemade pie and cold milk, and I can go on eating until they start the engine and begin to untie the boat. Then I jump up and kiss Big Mom on the cheek and run like hell.

"Don't slam the screen door!" she yells, just as I slam the screen door.

Big Mom is always after me about someting. "You remember what I told you, don't you, Alec?" she asks me from time to time. I know what's coming; I pretend total confusion.

"About what, Big Mom?"

"Mais, you were not listening, eh?" she says.

"When? What are you talking about?" I ask.

"If you had been listening, you'd remember. You think you know everything already, you. And you never listen to me...Tu m'ecoutes jamais," she says in French. "Take you some more pie, cher."

"Can I have a glass of milk, Big Mom?" She never tells me what it is I'm supposed to have remembered.

Seeds and Vines

"Ideas are like seeds that grow into vines," Vieux Pop said to Ti Frere one day, as the two fed the milk cow and the chickens. "They are planted by grownups and they push upward like yourself. Some are good; some are harmful and destructive. But it's not always easy to say which are which. They are the ideas that grownups want children to believe. Ideas are like the vines that attach themselves to the trees in the forest. They grow upward as the tree grows. They reach for the light and they compete for light with the tree itself. In the soil where the roots grow, they compete for water and food with the roots of the tree. They can cut out the light and nourishment necessary for the tree's healthy growth. They can eventually destroy the tree. The vine cannot survive without the tree to support it. The idea, also, cannot survive without people to carry it. If it is a good idea and it does not become an obsession, all is well. If it is not a good idea, if it is a prejudice, an intolerance, or a lie, it can destroy the person who carries

it as well as those around him. If there is a tree that you love, here in the yard or out in the woods, you can cut the vines off it, pull them up by their roots even, and let your tree grow well and healthy. But the vines that grow on you are a different matter. It is not so easy sometimes to tear them away, roots and all." While Aristile spoke, Alexson envisioned himself hopelessly tangled in vines, unable to escape or even to move. "As you grow, you will see vines on your friends, and sometimes you will hardly know how to approach them. Not everyone feels the way you do, Ti Frere, about the big woods and the birds and animals. Some of your own friends will disappoint you with their cruelty. Those are some of their vines."

Aristile had traveled to New Orleans once in 1925, and while there he had met a writer named Sherwood Anderson. The Yankee writer and the backwoodsman sat on the big levee bordering the Mississippi River at the French Quarter, and they struck up an easy conversation. The writer spoke of ideas and of his concept of truth, and the swamper spoke of life on the bayou. And so they spent the afternoon talking and watching boats of every size and kind going up and down the wide river before them, while the life of the old city went on as usual behind them. On saying goodbye that evening each man felt that the memory of this experience would never be forgotten.

It was from Sherwood Anderson that Aristile had gotten his concept of seeds and vines and ideas. He always admired the writer, although he could barely read English, and could not, therefore, experience Anderson's stories. Years later, when Octavie and Wilferd went to New Orleans on their brief honeymoon, Octavie had spied a poster in a little shop, and recognized on it the name of Sherwood Anderson as someone Aristile had spoken fondly of having known. She purchased the poster for her father, though Wilferd considered it a waste of his money. In the middle there was a photograph of a wrecked and rusted automobile sitting almost fender deep in a swamp, being absorbed back into the environment, and it was surrounded by cypress trees. Above the photograph were these words: "When Sherwood Anderson said, 'There are many sick trees in the forest,' he was talking about people." Below the photograph: "When Jesus said, 'The meek will inherit the earth,' He was talking about trees."

The poster had hung since that day in Aristile's bedroom, and though he was never so pessimistic as to agree with the second statement, he liked the idea behind the photograph, as well as the analogy between people and trees. There was nothing on the walls of his bedroom but a gunrack and the poster. Before he blew out his old kerosene lamp at night, Aristile would often look up from his bed, and study the poster carefully.

When Sherwood Anderson said
"there are many sick trees in the forest,"
he was talking about people.

When Jesus said
"the meek will inherit the earth,"
He was talking about trees.

Wonder where Sherwood Anderson is now. He was a good man, I think, smart for sure, but restless. Don't think he'd stay en Ville for long... The meek will inherit the earth... What does it mean? Did Jesus say that? Did somebody say that and when somebody else said, Where did you hear that? he said, Jesus said it? Inherit the earth. I-N-H-E-R-I-T. Suffer the meek to come unto me. Come. Come. The time to inherit the earth is upon you. Come and inherit the Atchafalaya.

Trees

Ti Frere often wandered in the Basin during the low water stage of fall. It was a favorite activity for the growing boy. "Why are the stumps so big and the living trees so small?" he asked Vieux Pop, who was cooking a big chicken and sausage gumbo over a low fire at the woodstove.

"In the late 1800s and early 1900s the lumber companies came in and bought the land cheap. To make money on their investment they hired logging crews to cut the trees, for the valuable cypress lumber."

"But, Vieux Pop, why did they cut all the big trees? Why can't I see what the forest looked like? Was it beautiful? Do you remember?"

"Yes, it was beautiful! The trees were magnificent." Vieux Pop began to gesture with his hands; "Most of them were bigger in diameter than the outhouse in our back yard, eighty or ninety feet tall before the first branches, huge columns, straight, round, solid. Standing in a forest of big trees, even at midday, you might have guessed, if you didn't know better, that the light was that of early morning or late afternoon because the huge trunks and leafy branches blocked out so much of it. There was a canopy a hundred feet up that looked like the ceiling of a great cathedral."

"The trees were so close together that it was difficult in some areas to travel through the swamp in anything but a small pirogue." Aristile was transported by memory back to the great forest.

"But why did they cut down all the trees?" Ti Frere insisted.

"Well, it was a business, you know. The companies that had bought the swampland wanted to make money by selling the lumber. Those people didn't live here, and they didn't care about the future," Vieux Pop explained. "Old cypress was a very valuable wood. You could build anything with it—boats, houses, barns, furniture, barges, water tanks, fence posts, anything. It was easy to work and durable." And then he continued, in Cajun English: "Well, you know, Ti Frere, not'ing lasses fuh evah, not even somet'ing big an' strong like dose ol' tree."

Vieux Pop gets a sad look on his face that I can never quite understand. He is looking right through me, as if I'm not even there anymore. What is he seeing? The big trees maybe? Some memory from his youth? I try to bring him back: "I'll be able to see the big trees one day, won't I, Vieux Pop, if I live to be as old as you?"

"No, no! Not hif you live to be twice as old like me. Every lass one of dose big tree was older den 500 year. Some was older den 2,000 year. No, nevah again. Hit's too late." Then he sometimes walks outside to chop firewood, or clean his nets, or repair something; and I know that the talk is ended. Sometimes I know, too, that he is close to tears. I wonder why he gets like that.

"Why didn't you stop them, Vieux Pop? Why didn't you just make them stop?" he repeated. It was Ti Frere's belief that his grandfather could do anything he wanted—could solve any problem, right any wrong.

"There were times when fishing and moss-picking didn't supply enough money for those who lived on the bayou—times when fish would not get into the nets. At other times, there was plenty fish, but the buyers paid so little for them that it was pointless to catch the fish and take them to market, because the fishermen were working hard only to lose money.

I remember days when you couldn't have found twenty-five cents in this house. Plenty days were like that. Then the land company men came to the fishermen and said, 'We own these swamps covered with cypress trees. We will pay you well, if you work for us. Cut these trees, float the logs out to the mills that we're building along the edges of the swamp.'

"So the people of the swamp said, 'All right, we love the trees, but there are so many of them. It won't really make any difference.' Everywhere you looked there were huge old cypress trees, so they told themselves and each other, 'O.K., we will do this thing for a certain time. We'll cut the trees, make some money, buy some better clothes to replace our rags, a new shotgun to provide food for the table. We'll buy nets and crawfish traps and boat engines and fuel so that we might have a better chance to make a living fishing.' But once they had started cutting the trees, there was no end to it. They couldn't seem to find a way to stop. They earned enough to buy not only the things they needed, but even to save some money. They were not wise, Ti Frere. They didn't know or didn't want to know that north of them in the swamp and south of them and in every direction there were logging crews like theirs cutting the trees. So they cut and cut, and they let themselves forget that the great trees were many hundreds of years old and that the beauty and tranquility and peace they provided, as well as safe homes for wildlife, would all be gone—forever.

"Without realizing the meaning of what they were doing, they themselves changed the great cypress forest into cutover swampland. We, of all people, *they*, I mean, should have known better. They had come to live here because of the big trees and the abundant wildlife that the forest supported. Then they allowed, and even helped the landowners, including the state of Louisiana, to nearly destroy their chosen homeland. They were not wise; they did not think ahead. They placed the need for having jobs and making money above the value of the big woods. For the landowners it was a business; for my friends it was a job; for you it is a loss that can never be corrected, *never*.

"The swamp is beautiful now; you know it is, and you know that I've said to you more than once, 'I wish you could have seen the swamp the way it was when I was a boy.' Yes, it is still a thing of great beauty, and I know that you will someday say to your own children and grandchildren those same words: 'I wish you could have seen the swamp the way it was when I was a boy,' for this place continues to change, to fill up with sand and silt that come into the Basin from the Mississippi River. And it has become more and more a victim of people who don't understand, people who litter and who destroy things, people who lessen the quality of a place by their presence alone.

"One standing tree like those I've told you about could provide homes for hundreds of creatures: squirrels, raccoons, wood ducks, hawks, herons, owls, song birds, tree frogs, lizards, woodpeckers. Imagine a tree 180 feet tall, six feet in diameter—what a creation this is! When they cut the trees, they didn't think about the effect it would have on the wild creatures living in them, nor on ourselves who lived below them."

Vieux Pop sends me out for wood, but I know what he's doing. He's getting rid of me so I can't see him crying, but I saw already. I saw one big ol' tear rolling down his face, takin' a crooked path through his beard stubble and fallin' right in the gumbo. I even heard it; that's how quiet it was just before I stepped through the doorway.

If one of my buddies at school had seen that, it'd be all over for me. Shame, shame, Ti Frere's grandfather is a crybaby. So much for his reputation as the toughest man on the bayous, and so much for my reputation as anything.

To Save a Giant

"**I** heard this story from some of the men who were there, and I believe that it is true," Aristile said to Alexson one fall day, as they chose a comfortable place to sit at the base of the big live oak in the front yard. They had been splitting and stacking firewood, and it was time for a rest and a good opportunity for Vieux Pop to share with Ti Frere one of his favorite memories. "Listen well, Ti Frere. This story may help you in more ways than one someday.

"There was once a stand of cypress trees even bigger than the others, on state land in Buffalo Swamp several miles south of here, and there was a crew cutting the trees for a lumber company. It was this time of year, if I remember correctly, yeah, mid-November, back in 1899. The water was low, the way it always is in the fall, and the crew had been working in that area for five or six weeks. Two good men could drop a tree of six or seven-foot diameter in about half an hour. The place was covered with the big logs, their tops and branches having been cut off by another crew. As soon as the river began to rise in December and flood the swamp, the logs would be floated out, gathered into rafts in the river and pulled to the sawmill.

"At that time logging crews lived in floating camps and didn't come out of the woods for weeks at a time; it was a rough life. One morning when the crew was nearing the end of its work in that area, they came upon a cypress tree that was considerably bigger and taller than all the rest—a giant among giants—and the men looked at it with wonder; none of them had ever seen a tree that size. They delayed cutting the tree, which was near the center of a small clearing in the swamp, purposely leaving it for last.

"Because it was not badly crowded by other trees, it had grown straight and tall, and its massive branches extended far out in all directions. Like many of the biggest trees, this one served as home for all kinds of birds and animals. Squirrels ran and jumped from branch to branch. Raccoons

hid behind moss and leaves, peeking down on the men as they worked the saws and axes, always coming closer. Owls perched on the lower branches, watching quietly. Hawks on the topmost branches looked over a scene totally unfamiliar to them—miles and miles of trees that had always towered to great heights above the swamp floor now lay flat and useless. Egrets and ibis came and went nervously, and songbirds with no other trees to land on filled the branches of this last tree. The air itself around the giant cypress was a swarm of birds and butterflies.

"As the time for cutting the big tree came closer, one of the men, Choupique LaCouture it was, began talking quietly to the others, out of hearing of the company boss, about an idea that had come to him earlier that day. 'You already saw a tree that big, you?' he asked one of the other loggers. "Not me, no,' the man replied. 'Well, OK, then,' Choupique said, as if having reached a conclusion of some kind.

Choupique had been injured the day before when a falling branch struck him on the right shoulder, causing a severe bruise. The boss had reluctantly given him a couple of days off to get well, and 'stop wasting company time,' as he put it. Choupique passed the time counting the annual rings on the stumps of fallen trees, trying to discover which of them had reached the greatest age.

"'Eight hundred and ninety-six,' he yelled from the top of an average-sized stump. Half an hour later he yelled again: "One thousand four hundred and forty-seven!' An hour or so later he announced: 'One thousand six hundred and eighty-four!' Each time he found a new champion, the men would cheer and point to this or that stump, claiming that it could easily beat the current leader. Choupique would lie on his stomach with his head at the stump's center and begin counting. 'One hundred,' he would say, with his finger only a couple of inches from the center. Cypress trees standing so close together grew very slowly, and a hundred years of growth could be measured in only an inch or two of diameter," said Aristile. "'Two hundred,' he would announce a little later and further from the center. None of the other men would pay attention until he got over a thousand. Then they would begin betting a few nickels and dimes among themselves, as to whether a particular tree would beat the 1,684-year-old one, trying to judge, from Choupique's position on the trunk, how many rings might still remain to be counted. Just give Cajuns something to bet on, and they're as happy as a sac-a-lait in a school of minnows. Cajuns that don't like to bet are as rare as feathers on a catfish." Aristile smiled to himself.

"Some of the big trees were so close to one another that an agile man could sometimes jump from the springboard on one tree to the springboard on the next tree. The game was to see how many solid blows of an axe he could put into the second tree before the first one had finished falling and crashing into the shallow water around it, seeming to shake the entire earth. As soon as his partner would yell, 'Timber!' the springboard jumper, who never wore shoes, would grab his axe and leap for the nearest board, having chosen it beforehand. His axe would be flying toward the huge trunk even before he was safely perched on the board, and he would whack it as many times as he could while the first tree tottered and began to fall, its many tons of solid wood speeding faster and faster toward the ground.

"As you can probably guess, Ti Frere, there were some quick bets made on how many axe blows the logger could make before the tree had completed its fall, and constant arguments about whether the tree had finished falling before or after the last axe blow. 'He hadn't even begun his swing,' one man would declare. 'Are you kidding?' another would ask. 'He was already pulling back for the next swing.' The record was seven blows; some said eight.

"Anyway, when all the biggest trees, except the one that stood alone, had been cut, Choupique found a stump nearby that had 1,829 annual rings."

"Vieux Pop," Ti Frere interrupted, "how do you know so many details about something that happened so long ago?" Aristile had gotten so wrapped up in his story, he nearly forgot, from time to time, that he was talking to Ti Frere. "And a little while ago, you said that Mister Choupique had an idea about something while he was counting the tree rings, but you never told me what it was."

Aristile ignored the question about knowing all the details. He shifted his position, watched a great egret spear a minnow in the shallow water across the bayou, and continued his story: "Choupique's idea was that the logging crew should not cut down the biggest tree. It was too beautiful, too big, too unusual. Felling it would be wrong, he thought, and the other men were ready to agree with him, but the lumber boss was not. It was his job to get as many logs to the mill as possible, and to leave the biggest tree out in the swamp was not something he would consider. But Choupique insisted: 'What's one tree?' he asked. 'Who's gonna know

anyway? We already got thousands of logs ready to float to the mill.' The boss was not a man who was used to having his authority challenged, and Choupique was in danger of losing his job when one of the other men yelled, 'Lunch time,' and the problem was put aside for a while.

"The men walked to their pirogues and pulled out salt pork sandwiches that had been prepared for them that morning by the camp cook, and they sat on stumps to eat. Choupique and some of the others settled on the stump of the 1,829-year-old tree, and Choupique began to count again, this time from the outside ring. 'O.K.,' he said, 'here we are— 1899.' He made a mark on the outermost ring with the logger's pencil that he always carried, though the outside edge of the tree would have been mark enough. The other men, these cutters of ancient trees, looked on as though they had never before seen annual rings. Choupique counted back thirty-four rings and made a mark: 'End of the Civil War, 1865,' he said. The two marks were less than an inch apart. He counted off sixty-five more rings and made a mark: 'Turn of the century, 1800.' He counted again and put a mark at 1765: '1765—the Acadians invade South Louisiana!' he announced. Some of the men laughed; others clapped and cheered.

" 'Come ahead back,' Choupique told himself as he moved toward the tree's center, marking each century and historic date as he came to it. 1492 got an extra heavy mark. Most of the men had finished eating and some were napping briefly, waiting for the boss to order them back to work.

The others counted silently along with Choupique, and watched as he made his mark for each century backward in time. Finally he said aloud, 'One thousand eight hundred and twenty-nine.' He took a scrap of yellowed paper from his pocket and did a calculation with his marking pencil. Then he put a finger on the exact center of the big tree's heart. 'I, Choupique LaCouture, am touching something today whose life began in the year 71 A.D.,' he said, and he left his finger there for several seconds, as if to gain something from the experience. No one else spoke nor moved. Even the birds in the big tree had gone silent. The stillness woke the two men who had been nodding off to sleep, and they raised themselves on their elbows and looked at Choupique. 'What's happening?' one of them asked. No one answered. Finally the boss spoke, and the spell was broken: 'Work time,' he said.

"Two or three of the men were still staring at the exact center of the big stump, and they found it difficult to move. One man picked up his axe and prepared to get down from the stump, but first he reached over and touched the place where Choupique's finger had been. '71 A.D.' he said. One after another, the men touched the spot, some in wonderment, others not wanting to miss whatever benefit might result. The boss laughed at the men: 'You Cajuns,' he said. 'Superstition starts just under your thick hides, doesn't it?'

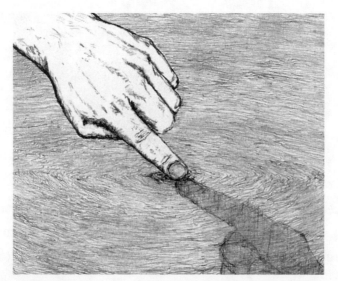

"'Don't have nothing to do with being Cajun,' Choupique said. 'And as far as superstition goes, you don't know everything. Nobody knows everything.' Then he said something in French and turned away.

"The boss let the insult pass, since it had been spoken softly, and he could pretend that he hadn't heard it. Besides, he didn't want to have to admit that he couldn't speak their language to men who had learned to speak his, and he was eager to get the crew to work again.

"It was one of those cool, bright days in the fall, and Wilson knew that he could push the men much harder on a day like this than he could on the oppressively hot days of summer. He was ready to finish with the big tree and move on to destroy another part of the forest. Choupique wouldn't give up, though.

"'We been talkin' it over, Mr. Wilson, and we're gonna leave the big tree like it is,' Choupique said. At first, Wilson thought he had misunderstood. What he thought he had heard made so little sense that it confused him momentarily. But he made a speedy recovery: 'What did you say?' he asked. His disbelief was so thick you could have scraped it off by the pound with a dull axe." Aristile chuckled to himself.

"'I said we're gonna save this tree,' Choupique said, looking into Wilson's eyes without emotion or hesitation.

"'Don't believe I'm hearing well today,' Wilson remarked, sticking an index finger into each ear and shaking it, avoiding Choupique's eyes and smiling broadly at the other men, hoping that this was no more than a joke, and he could go on with the business of lumber production.

"But Choupique was determined: 'Look how much bigger this tree is than the one we were just sitting on. This tree was alive and growing when Jesus Christ was born.'

"'What of it?' Wilson said, 'He wasn't born out here in the damned swamp, was He? He wasn't born in the shade of this tree, was He?'

"'Not talkin' about where He was born,' Choupique said. 'Talkin' about when.'

"'I don't see the connection. This tree didn't know whether Jesus

Christ was born or not and still don't know nothing about it to this day. Cut it down before I lose my temper.'

"'How you know what a tree knows or don't know?' Choupique insisted, as Wilson began walking away.

"'You're fired, Lacucha!' he said, turning on Choupique. 'Pick up your stuff at the camp and move out! Lumber companies don't stay in business by leaving the biggest trees behind, and I don't stay in business by arguing with a bunch of ignorant swampers over whether or not to cut down a tree! The rest of you, get that damned tree down to my level, and I don't mean tomorrow evening!'

"The other men couldn't afford to be fired any more than Chou-pique could, so two of them walked up to the tree and began preparations to take it down. No one was moving fast, and Choupique hadn't moved at all. The two men at the tree avoided meeting his eyes. One began to sharpen his axe so that he could chop holes to support the springboards. The other began very slowly and deliberately to work on his crosscut saw with a file he always carried in his back pocket. Wilson pretended not to notice the delay. He sat on a nearby stump and began nervously to roll a cigarette. The rest of the crew stood around and watched. One man began to whittle on a wood chip with his pocket knife. Tension was high, and no one had the courage to break it by speaking. The only sound in the swamp was that of two files brushing steel, one on the axe, one on the saw. Finally, Wilson had had enough: 'You gonna chop them springboard holes, or you gonna work that axe bit till it's all filed away?' Choupique looked away from the tree. The man with the axe stepped up quickly to the ancient trunk, chose a location for the first hole and began his swing. The bit was a blur at the end of the powerful man's axe handle, but instead of biting into the sapwood of the big tree, it flew off and imbedded itself three inches deep in the stump where Wilson was sitting, missing his hand by an inch where it rested on the edge of the stump, the cigarette it held still unlit. All eyes were on the sharpened bit and the spared fingers next to it. Axe bits could fly off at any time, but these men were more careful than most, and no bit of theirs had ever left the handle."

"Wilson recovered quickly. To him nothing had meaning beyond itself. Not the strange silence, the men's crazy request, nor the flying bit had shaken him. He jumped down from the stump and said, to no one in particular, 'Give me an axe!'

" ' Take mine,' Choupique offered, smiling as though he knew something that Wilson didn't.

" ' Didn't I tell you to leave?' Wilson asked.

" ' I want to see you cut down this tree first, Mr. Wilson, sir.' The silence was still so complete that the spoken exchange seemed unnaturally loud.

"Wilson grabbed the axe, spun on his boot heel and charged toward the tree. He tripped over a cypress knee and fell, and it was as he was starting to rise that lightning struck nearby and a deafening crack and a roar of thunder shook the ground and electrified the air itself. The men were stunned by the sudden noise and blinding light."

"Almost immediately a drenching rain began to fall, and everyone ran for whatever rain gear was stored in the nearby pirogues. Wilson stumbled again, this time at the base of the huge tree, and dropped the axe. Choupique stepped up and retrieved it, never once looking at Wilson, who by that time was soaked and shivering in the driving windstorm that accompanied the rain. Even the tree, in spite of its immense size, swayed a little in the powerful wind. Wilson realized that the men were leaving, going back to camp to escape the storm, and he knew that making them cut the tree down now would be impossible.

"Once they reassembled at the logging camp, not one man could re-the tree down now would be impossible.

"Once they reassembled at the logging camp, not one man could remember having seen any buildup of clouds or wind before the storm hit, but in the heat and tension of the argument at the base of the giant cypress, the coming storm could have crept in unnoticed, they decided.

"Wilson had begun to fear the big tree, and whatever mysterious powers seemed to protect it, and he never returned to the Buffalo Swamp. When the water rose and the float crew entered the area that winter to collect the logs lying everywhere, they marvelled at the size of the lone cypress tree and at the axe bit stuck into the nearby stump. They gathered the logs into floating rafts, four to six logs wide and a hundred yards long, and began to move them by towboat toward the company sawmill near a little town on the western edge of the swamp.

"The story of the big tree and what happened there that day in 1899 circulated among crews in the logging camps throughout the Basin. No one could say with any certainty whether the occurrences on that day were the result of coincidence or of powers beyond human control, but there were many theories. Some people made the long trip into the depths of the swamp to see the tree and the axe head imbedded in the stump a few feet away. Some even put their hand where they thought Wilson's hand had been, near the steel bit, but no one tried to remove it, and it's probably still there now. Usually they would touch the big tree and then leave, and after a while people stopped going, the logging crews moved to other, distant stands of cypress, and the story was mostly forgotten."

"What happened to Mr. Choupique, Vieux Pop?"

"Well, he quit logging and went back to fishing for a couple of years, and then he moved away."

"Vieux Pop," Ti Frere said, "when you started telling me the story of the big tree, you said it might help me in more ways than one someday. I don't understand."

"I said that for two reasons. One is that I want you to know something that I came to realize only after many years: Nothing is certain; nothing is no explanation at all. We never are able to see all sides of a thing at once. We think we know and understand something completely, and we act according to that. Days or even years later we find that our thinking was wrong, and our actions based on that thinking were wrong too. Life is always a mystery—always. Do you understand what I'm trying to say?"

"I don't know, Vieux Pop. I'll think about it. What's the other reason you told me the story?"

"You're growing up and I know that every year you go further and further from this house alone in your pirogue, except for Moccasin and Ti Bird. I know too that you get lost from time to time and find your way back without help. But you're still not very far from home and after a while you find yourself in familiar surroundings. The Buffalo Swamp is a different thing, though. It seems endless. Once you get into it, you begin to find that everything looks the same, but nothing is really familiar. After a while you will begin to think you know the place well enough to find your way out; that's when you get really careless, and suddenly you're hopelessly lost. You can lose track of time and direction. On an overcast day you have no idea at all where the sun might be. The sky is the same grey color and brightness everywhere. You could panic and never find your way out.

"If you ever get lost in that area, this is what I want you to do: Find the tallest tree that you can climb, and climb as high as you can. It may be one of the big hollow trees that have stood there since before the logging crews came through—like one of those you feel woodpeckers pounding on."

Ti Frere was surprised: "You've seen me do that? Did you think I was crazy?"

"No! No. I tried it myself after I saw you do it. It's a good feeling, but I never would have done it if I hadn't seen you standing there one day with your head against a hollow tree. I couldn't figure at first what you were doing. Then I heard the woodpecker, and it all began to make sense. You have more love and feeling for the wilderness than anyone I ever knew." Ti Frere smiled.

"Anyhow, find a tall tree you can climb, and look in every direction until you see the big tree. If you can't see it, go a mile or two further, climb another tree and look again. You'll know it for certain when you see it, because it's twice as tall as any tree around, even those that were too small to cut in the late 1800s and have had fifty years to grow since then. When you see it, mark its location clearly in your mind, climb down and begin paddling in that direction. If you don't come to it after a time, climb another tree, find the big one again and go to it. When you get there, you'll see a pathway or clearing going straight away from it. That open waterway goes directly west, and it was made by the float crews hauling thousands of big logs to the wide bayou, called Six Hundred Dollar Bayou, that flows by the sawmill.

"After paddling three or four miles in this opening you will pass through an area of strange-looking live oak trees. The oaks grew on ridges of clam shells left centuries ago by Indians who lived in the Atchafalaya Basin. But flood waters in 1912 and 1927 washed most of the shells away, and now the big oaks are suspended above the ground on their massive roots. You can paddle your pirogue right under the trunks themselves, through the roots that extend for many yards in all directions. When you see these trees, you'll know that you are about halfway out of Buffalo Swamp."

Ti Frere tried to imagine the strange oak trees his grandfather had described, and the great mysterious cypress tree: "Could you show me some day soon?" Ti Frere asked.

"Yes, I surely could, maybe next spring when the water rises and it's easy to travel by boat through the swamp. I always intended to show it to you anyway."

All I would have to say is, "The axe bit that nearly cut off Wilson's fingers was mine." I must be crazy to keep telling the boy about the old days and the big trees. The more I teach him to love my memory of what it was like, the more he will hate me for what I did. I can recognize the ghost of an old lie as well as any man, but I can't bring myself to tell him that I was a logger. I cannot be what I am not, until I am. I almost wish Wilferd had told him before he disappeared. He was mean enough to do it. He could have hurt me in the boy's eyes by telling him, but he had so little respect for the trees himself, it probably never crossed his mind that anyone else could care about their loss, even Ti Frere. The man never knew his own son.

A Photograph

One damp Saturday morning later that month, while Aristile was running hoopnets on the river and Octavie was outside washing clothes on her scrubboard, Ti Frere, who had been confined to the house because of a lingering cold, began rummaging through an old chest in his mother's room.

There was a yellowed wedding dress that had once been snow-white; there were two old albums of black and white photographs, some of his mother and father's wedding, a few of himself as a baby and as a young boy. There were boxes of letters and buttons and some very cheap jewelry that Wilferd had given to Octavie fourteen or fifteen years earlier. And there was an old cardboard box way at the bottom under some blankets and some of Wilferd's clothing that Octavie had kept, thinking he might return some day.

Ti Frere loved old pictures. It was his way of knowing what things were like in the years before he was born; and to his delight, he found the little box to be full of very old photographs. He sat comfortably on the floor next to the big chest and began to look closely at the pictures, putting a few aside because he wanted to ask his mother or grandfather something about them. Then he came to one that stopped him. It was upside-down, and he turned it in his hand slowly, for a chill was creeping through his spine, almost as though he knew what he had discovered even before he saw it clearly.

A group of young men is sitting on top of a big cypress tree stump with their crosscut saws, wedges and axes. A huge tree they felled lies in the shallow water behind them, its branches still covered by Spanish moss. One of the men is unmistakeably Vieux Pop, and there is no question in my mind what he is doing there. He's holding an axe in one hand and one end of a crosscut saw in the other. He's smiling as I've seen him smile thousands of times, when he's done or seen something that satisfies him. Besides that, his name, Aristile, is written on the edge of the photograph, and the date October 1903. Two other names are written there—Placide and Crapeau—two of Vieux Pop's card-playing buddies. How could it possibly be? I hope it's some kind of mistake, but I know it's not.

How many times has he told me about the beauty of the big woods, the trees that grew so thick that they nearly shut out the light of the midday sun, the massive trunks so close together that in some areas it was difficult for a man to travel among them in anything larger than a small pirogue? He goes on and on about how he wishes that I could have somehow seen the swamps as they were in the late 1800s and early 1900s. His descriptions are so fine that I can see the great forest taking shape before my eyes, and my heart beats with excitement. But he was a logger himself, a swamper. Vieux Pop is one of the men who cut down all the big trees.

Ti Frere put the photograph aside and then replaced all the other things back into the old trunk, just where he had found them. When he had finished, he closed the lid and left the room. Then he sat on the front porch, with the photograph in his hand, and waited for his grandfather to return.

When Aristile came back down the bayou later that morning, he didn't see Alexson until he had pulled his boat alongside the small wharf and tied it. By the time he looked up, the boy was walking toward him.

"Hey, Ti Frere; how you feeling today, my boy?" Alexson didn't answer. He walked slowly up to the wharf and looked into the boat. The fish were separated into two holds—catfish in one, gaspergou and buffalo in another. And there was a five-gallon can full of brightly-colored blue crabs. Aristile wondered why there had been no response. "Hey, look at this," he said. "Got me about a sixty-pound yellow cat in that deep hole near Bird Island. You want to help me get him into the livebox?"

Still Alexson said nothing. He looked at Aristile, then at the photograph he had held in his hand all morning. Aristile waited, confused. Suddenly Alexson crumpled the old photograph with both hands and threw it at his grandfather, hitting him hard in the face. Then he turned and ran into the house.

Aristile retrieved the photograph from where it had landed on the floor of his boat, and as he did, he heard the door of Alexson's room slam shut. Slowly he lowered himself to sit on the edge of the boat, and he smoothed the photograph against his leg. He looked at it for a long time, studying and remembering every detail, all the while wondering how he would go about trying to explain to Alexson what he and his friends had done. He put the photograph carefully into the pocket of his raincoat and began unloading his catch, first the scale fish, into a section of the livebox on the opposite side of the narrow wharf. When he dropped the sixty-pound catfish into the livebox, he looked up and saw that Octavie was sitting on the edge of the porch, watching him.

"Nice bunch of fish, Pop," she said. "But I'm afraid you've got some serious explaining to do to your grandson."

Over and over again years later I would recall how sad it had been the day I lost faith in Vieux Pop. There was no way in the world then that I could have understood what he had done. In my eyes Aristile Guilbeau might as well have dropped every tree himself, single-handedly, dancing barefoot from springboard to springboard, diabolically wielding some sort of magical evil axes and saws.

Alienation

Two days after finding the photograph of Aristile and his logging buddies, Ti Frere couldn't stand to be in that house with his mother and grandfather any longer.

From its place on the wall over his bed, he took his single-shot 20-gauge Remington, the one Vieux Pop had taught him so carefully to use to provide food for the family. He opened a drawer of the little chest that held most of his possessions, a chest made of old red cypress. It had been constructed for him by Aristile when he was only a few days old, the beautiful piece of furniture intended to honor the baby's having come into the world. There was a half-empty box of shotgun shells in the drawer, and Ti Frere put three of them into his pants pocket. He purposely left the drawer open and walked through the room where his mother sat knotting a hoopnet in one corner while his grandfather polished his favorite old leather hunting boots. No one spoke, but Aristile's eyes followed Ti Frere down the worn back steps and to the beginning of one of the hunting trails that began just beyond the fence surrounding their yard.

"He's going hunting, you think?" Octavie asked, watching Aristile's eyes. She had not stopped working on the net.

"Don't think so," he said. "We'll see."

In less than two minutes, they heard a shotgun blast only a hundred yards into the woods. Aristile and Octavie glanced at each other, then went back to their work.

Ti Frere walked over to the big swamp rabbit he had shot, picked it up by its back legs and felt the last quiver of life leave its soft body. Then he threw the dead creature into a pool of water at the base of an old cypress stump and walked away. He would look for more serious game now, a barred owl, a great blue heron, or one of those big pileated woodpeckers he had admired for years. He was not hunting well now, for his step was neither slow nor quiet, and tears had begun to form in the corners of his eyes. He brushed them away roughly and went on, toward one of the dead trees that he knew the woodpeckers liked to work on. Ti Frere could hear two of them pounding on the big trunk long before he got to a place where he could see them clearly about sixty feet above his head.

Instead of creeping up to the old tree and leaning his forehead against it the way he had always done before, he swung the gun up and took aim at one of the unsuspecting birds. He cocked his gun slowly, never losing aim, and squinted down the long barrel. "Take the time to aim carefully," he could hear his grandfather say, "Squeeze the trigger firmly..." Ti Frere heard the voice so clearly that he thought Vieux Pop might be standing right behind him; he spun around, to find no one. Carefully he took aim again and began to squeeze the trigger slowly and firmly. Then tears burst from his eyes and he lowered the gun quickly, angrily, and uncocked it. He sat at the base of the big tree, wiped his eyes dry, and removed the shell from the barrel of his gun. The woodpecker had gone quiet, and Ti Frere gazed around himself in a daze, not clearly aware of what he was doing or thinking. His eyes were glassy, and it seemed as though everything he saw, the leaves and branches, Spanish moss and tree trunks, was at an equal distance from him, the way faraway objects seemed to be brought into one flattened plane by the lenses of powerful binoculars.

The boy neither moved nor blinked his eyes, and it was only when the woodpecker began pounding again on the tree and Ti Frere could feel the vibrations in his back that the scene was destroyed and his view of the physical world returned to normal.

Ti Frere walked home slowly, unsure of what he would do next. He entered the house quietly and found it empty. Octavie was outside hanging clothes on the line that ran from the chicken coop to a young oak tree, and Vieux Pop was off somewhere in his putt-putt. It surprised Ti Frere to realize that he had not heard the loud old engine start up, for he had surely been close enough to hear it cough to life.

He stepped into his room and dropped the two unused shells into their box and slid the drawer closed. Then he replaced the shotgun on its rack and lay face down on his bed. Just before falling asleep, exhausted by the emotional strain and confusion, Ti Frere felt again the small movement of the dying rabbit in his hands. He raised his head and looked around as if he sensed a familiar presence in his room; then he sank his head into the feather-filled pillow and slept.

When he awoke toward late afternoon, it was to the pleas of the cow that needed milking. He left the house without speaking to Aristile or Octavie, who were both inside by then, and he milked the cow and fed her and her calf without thinking about what he was doing. When Ti Frere returned to the house, there was a plate of hot food waiting for him on the table. Without slowing his step, he put the bucket of milk on the table, picked up his plate and took it outside.

I eat my meals on the front porch now, ever since I learned the truth.

I want to make sure that he knows I'm avoiding him. Let him suffer for cutting the trees and for lying to me. What do I care? I can see, in the corner of my eye, that he and my mother are looking at me. They're worried. Well, let them worry.

Before sunrise the next morning, Ti Frere made an impulsive decision. Without anything other than the clothes he wore, the boy stepped into his pirogue, called Moccasin to join him and began paddling down the bayou. Ti Bird was sitting in his favorite spot at the front of the boat, ready to fly off and inspect anything that interested him. Aristile had left earlier that morning to raise hoopnets he had set in river the previous afternoon.

Ti Frere had no particular destination in mind; he needed only to get away. He paddled on and on for miles, unaware of time or place, and when the little bayou ran into a swamp, he followed it, though he didn't know whether he had ever seen that swamp before. He didn't think about that, for he was lost in disturbing thoughts, and his own safety was of no concern to him.

Aristile returned later that morning with his catch of gaspergou, buffalo and catfish, and as soon as he had rounded the bend in the bayou that allowed him to see his house, he knew that something was wrong. Octavie was sitting on the front porch, staring at the water, rocking slowly in an old chair that Aristile had made for his wife half a century earlier. It was the same chair Octavie had used to try to rock away her sorrow after Valsin drowned, the one she sat in day after day waiting for Wilferd to return from his last poaching trip. Aristile didn't say anything to her until he had transferred the fish to the liveboxes next to his wharf in the bayou.

"It may be bad luck to sit in that chair," he suggested.

"You knew he would run away, didn't you?" she said. She kept on rocking, never looking at him, her eyes fixed on the water. There was a light drizzle, and the surface of the bayou was a constant movement of small, concentric circles of overlapping ripples, appearing and vanishing almost instantly under the circles of new raindrops. Octavie seemed hypnotized.

"Yes, I knew. You knew too. We could not have stopped him if we'd tied him up and locked him in the cowshed. It's something he needed to do." It was over an hour before the light rain stopped and Octavie emerged from her trance. She set up her wash tub on the front porch, instead of in its usual place behind the house, and she began methodically to rub one piece of clothing after another on the scrubboard, alternately watching her father and the bayou that ran slow and deep before her.

Aristile occupied himself with various time-consuming jobs. He split firewood, mended torn nets, patched a small hole in his pirogue, and filled the fuel tank in his putt-putt fishing boat, knowing that he would be taking a trip soon. But he was worried and distracted by his knowledge that

Ti Frere had rejected him and was probably lost by now. He had planned to play cards and fry catfish at Crapeau Ardoin's house two miles up the bayou that evening, but when Crapeau came by for a cup of mid-afternoon coffee on his way to setting his hoopnets, Aristile told him of Ti Frere's leaving, and cancelled the card game and fish fry.

"You were right, Mr. Crop," Aristile said. "I should have told him myself one quiet evening when I had time to explain how things were in those days. But I waited, and he found an old picture of you and me and the rest of the gang at the logging site, and it surprised him so much, he wasn't able to handle it. He met me at the bayou bank with that damned picture when I came in from raising my nets. He crumpled it up and threw it at my face.

"Then he ran and closed himself up in his room. Not telling him was a bad mistake. I guess I figured that when he was a little older, he might be able to understand better." He paused: "No, it's not that. It's just an excuse I tell myself for what I know I should have done." The two old friends finished their coffee in silence, sitting on the edge of the front porch, their feet resting on the ground.

"The boy loves you, Steel. He would have understood well enough, I think. As well as we can understand it ourselves, anyway. You could explain it all to me sometime, too, if you think you can." Crapeau walked to his boat, got in and shoved off.

"You're a good man, Steel," he yelled back. "And you're lucky I won't be taking your money at the bourré table tonight, my friend. Keep your accordion warmed up and we'll play some music next time." Aristile watched until Crapeau Ardoin's boat had entered the first bend in the bayou before returning to his work.

Perdu

Alexson paddled on, hardly noticing any of the details of his surroundings. Egrets and herons watched him as they caught minnows in the shallow water. Nutria and mink swam aside to make room for the big pirogue containing a boy, a dog and a hawk. A black panther crouched on a low cypress branch, hoping that the strange crew might come his way. Ti Frere didn't see the big animal, though he passed only twenty yards from where the panther waited quietly. Moccasin smelled the wildness and began to growl in warning. Ti Bird flew off to have a look at the panther from above, but Ti Frere remained unaware of the creature's presence and of the danger that had been avoided simply by chance, until he had passed it by and the panther let out a scream of frustration. Ti Frere jumped, turned around, and stopped to look at an animal he had heard of but had never seen, a wild creature from his dreams of the old days.

The realization that he was lost crept up on the boy slowly, as a panther would creep up on a fawn. He knew it was lurking there before he allowed himself to think about it, and even then he pushed the thought aside as if it were of no interest to him. But as the day wore on, light began to fade, and his tired muscles began to ache, he finally let himself stop and look around. The thought of being hopelessly lost began to sink in, and Ti Frere felt an emptiness in the pit of his stomach that he knew was fear.

The momentum of his paddling had carried his pirogue into a small opening among the trees. Ti Frere lay back on the bottom of the boat, exhausted, and stared up at the heavily clouded sky. Moccasin licked the bottoms of the boy's feet and whined, unsure of how to approach Ti Frere, who was acting unlike himself. There was a fine mist in the air, almost a drizzle.

This is just the kind of day Vieux Pop described as being easy to get lost on—there's no more light in one direction than in any other. I'd be lost even if the sun were shining brightly. I have no idea how long I've been traveling or in which direction. As my dad used to say, "Pirogues don't leave no tracks." I may have been going in circles for the last hour or more. This must be Buffalo Swamp.

Moccasin is licking my feet: It's beginning to tickle, but I'm too tired to pull them away. I can only move them from side to side to show my annoyance. Finally he stops, distracted by a fish or something that has jumped, with a loud splash, near the boat. I can't see Ti Bird from where I'm lying; he must be in a tree or flying around inspecting the unfamiliar territory. "Find me a tall tree to climb, Ti Bird," I yell, and my voice sounds hoarse and strange in the midst of all this silence. Moccasin jumps at the loud sound and retreats to the far end of the pirogue. I'm going to have to do what Vieux Pop told me, climb the highest tree around and begin looking for the giant cypress that Mr. Choupique refused to cut. It would be easy to fall asleep here and rest, but I might not wake up until after dark, and then I wouldn't be able to find the big tree. Moccasin wouldn't let me sleep even if I wanted to.

     * * Ti Frere raised himself on an elbow and looked around, seeing things clearly for the first time since he had left that morning. It was as Vieux Pop had warned: everything looked the same in every direction, young cypress trees here and there, stumps and more stumps, most of them showing the holes that had once held springboards for the swampers to stand on while cutting the helpless giant trees. "How could he do it?" the boy wondered. "How could he tell me about the big trees and how beautiful they were, when he was one of the loggers himself? I don't understand who he is anymore. He lied to me. I hate him. I hate Mr. Crapeau and Mr. Seed and all the others." Ti Frere brushed a big tear roughly from his face, sat up angrily and began to look for a tall dead tree to climb.

     The only big trees left were hollow ones and dead ones that contained no boardfeet of lumber and were therefore of no interest to the land company. They were hollow even when the logging crews came through back in the late 1800s, but still they stood there almost unchanged generation after generation, some of them still supporting a few green leaves and live branches. Before long he found a tree that seemed solid enough and tall enough to provide him the view he needed. Ti Bird was sitting on the topmost branch, calling as though he had found the tree and was trying to lead Ti Frere to it. He was only having a good time exploring new territory and had not the slightest idea that they were lost. "If I had Ti Bird's eyes and wings, I wouldn't have to climb any tree," Ti Frere thought wearily. He tied his pirogue to a low branch of the big dead tree and began climbing, patting Moccasin on the head before pulling himself up and out of the pirogue.

The tree was an easy one to climb at first, for there were still many solid branches for Ti Frere's hands and feet, but as he got higher, he sought holes made by woodpeckers and later used by wood ducks for nesting. Once, about forty feet up, he slipped and nearly fell when a branch he was pulling himself up on cracked and he had to grab quickly for a woodpecker hole just under it. Moccasin whined nervously and turned his head slowly from side to side, watching as Ti Frere rested before beginning to climb again. Every few feet he would stop to look around in hope of spotting the big tree, but each time he knew that he would have to climb higher.

Ti Bird watched from above and Moccasin from below as Ti Frere struggled to make his way up the big tree trunk, hoping as he put his hand or foot into a hole that it was empty and not the doorway into the house of an angry raccoon or a poisonous snake. Once he felt something cold when he stretched and put his right hand high above him into a hole, and the shock of it nearly caused him to fall. When he got level with the hole he could see into it and see part of the coils of the creature he had felt. It was a harmless eggsnake, and he watched it for a few seconds in relief, for there was no way to avoid climbing right over the hole if he were to go higher. He knew that these snakes ate many wood duck eggs, but he did not concern himself with that. He saw it as only one of many aspects of nature over which people have no control.

Finally, at about 110 feet, Ti Frere realized that he was above the surrounding treetops. He had climbed higher than necessary, to the very top of the old tree, concentrating so thoroughly on climbing safely that he had forgotten for a while to look around. He began to scan the horizon to his right and to turn slowly until he was looking over his left shoulder, and there, rising fifty or sixty feet above the treetops surrounding it was the upper part of Vieux Pop's giant tree. "What a monster!" he thought. "It must be two miles away, but even from here it's a huge thing." He looked down. "I see it, Moccasin, I see the big one clear as day! It's only a mile or two in that direction." Ti Frere pointed, and the big dog began to bark, excited as the boy was by whatever had caused him to call down. The cloud cover had begun to thin, and Ti Frere could detect a glow in the sky above and behind the big tree that he knew was the light of the setting sun.

To climb down a tree is often more dangerous than to climb up, but having located the giant tree of Aristile's story had given the boy new energy. He was still lost but not without hope, and he descended without incident.

As Ti Frere stepped back into his pirogue, he was met by an excited Moccasin who licked his perspiring face and raced from end to end in the little boat, nearly turning it over. Finally he lay facing the exhausted boy and only wagged his tail. Ti Frere picked up his paddle and realized that there was a tightness that had not yet left his muscles, a tension left over from the danger of his climb down the old tree trunk. He sat and waited until the tightness eased. Then he began paddling slowly in the direction of the fading light, feeling the coolness of the coming night on his still-damp skin.

There were huge stumps everywhere. It was as Vieux Pop had said. The Buffalo Swamp had contained some of the biggest cypress trees in the entire Atchafalaya Basin.

I wonder which ones Vieux Pop cut. And Mr. Clairmille and Mr. Choupique. I wonder where the birds went that used to live in these trees, and the squirrels and raccoons. The geese migrating down from Canada must have thought they were lost; things must have looked as different from up in the sky as they did from down here.

A small flock of wood ducks circled above Ti Frere, and he could hear the whistle of their wings beating the air. They slid into the water at a safe distance from the lonely boy and his dog, and looked back at him as they swam deeper into the woods. The only other sound was that of a pair of distant owls calling to each other and the occasional thump of Ti Frere's paddle on the side of his boat. Then a woodpecker began drumming on a hollow tree to the left. The sound was surprisingly loud because of the deep silence all around it.

Ti Frere paddled on slowly, for he was very tired. He wanted to reach the big tree before complete darkness overtook him, but he knew that the sun had already set. Looking around, though, it seemed to him that the swamp was getting brighter, and when he finally turned to look back in the direction of the tree he had climbed, he found that the sky had cleared

and the swamp was bathed in the yellow light of the biggest full moon he could remember ever having seen. He paddled on with confidence, as the sun's fading glow slowly gave way to the magical blue light of the brightening moon.

When he finally reached a point from which he could see the tree he sought, Ti Frere found it to be even bigger than he had imagined. He put his paddle down and drifted for a moment, struck motionless by a sight that had existed previously only in his dreams and his imagination. The tree seemed to glow in the blue light. "It's unreal. Maybe the moonlight is playing tricks with my eyes," he thought. Ti Frere approched the tree, its base out of the water on a tiny low island. Then he paddled all the way around it, as if to assure himself that it was three dimensional and real. "No wonder Mr. Choupique protected this tree! It would be a sin to destroy a thing like this." Ti Frere noticed that there were no vines hanging from the tree.

He landed his pirogue among the cypress knees at the base of the giant tree and stepped out. He would spend the night here and in the morning try to find the passageway out to Six Hundred Dollar Bayou, the one that Vieux Pop had described.

He stepped up to the massive trunk and ran his fingers over the bark. He rapped on it with his knuckles as though it were a door. He walked all the way around, seeing as many details as the moonlight would allow. Moccasin followed his every step.

Ti Frere returned to his starting point, sat on the ground against the tree, and looked out across the moonlit swamp. Spanish moss waved gently in a light breeze and the water surface shimmered silver all about him. It was only then, in that moment of calm and rest and safety that Ti Frere remembered that he had not eaten since early morning. It was not like him to go off on a long trip without food of some kind. He would stuff it up into the bow of his pirogue under a raincoat where Moccasin and Ti Bird couldn't get at it—a paper bag of cold biscuits or a sweet potato, at least, if not a venison sandwich on his mother's homemade bread, or some fried chicken or something. "How could I be so dumb? Of course, I didn't plan to get lost, but I should have brought some food anyway." It was his stomach talking, he knew, because he remembered easily enough how angry and upset he had been that morning, and food was not on his mind when he paddled away from home. It was on his mind now, though; and he drew his knees up against his chest, hoping to sqeeze his stomach until its emptiness stopped hurting him.

The breeze dropped off, and a fog formed so thick that it condensed on the leaves of the tree and fell like slow-motion raindrops into the water around the little island, plopping loudly in the stillness of the night. An airplane flew high overhead, and Ti Frere followed its sound, though he couldn't see any lights because of the fog.

Maybe it's not running any lights anyway. Maybe it's a German bomber looking for a town to drop its bombs on. It's only three or four years ago, during the war, that we had to turn the lamps down some nights and all the little towns had "blackouts," because they thought that the German planes might be coming over to drop some bombs. It was scary, and I remember being glad that our roof was made of cypress shingles that don't reflect the moonlight the way tin roofs do. We knew a man during that time who had appeared out of nowhere and settled down with his family a mile or so up the bayou from our place. They lived inside an old trading boat pulled up on the bank. He'd come over and borrow tools from us now and then, and we all liked him. He spoke the good French, but we could understand each other pretty well. He turned out to be a spy for the Germans, and he was arrested just before the war ended. A fisherman had seen him hanging around a hollow cypress tree one day, and after he left, the fisherman found all kinds of radio equipment hidden inside the tree. We kept hearing rumors in those days that German submarines were coming up the Atchafalaya River from the Gulf of Mexico and buying fuel from French-speaking people in Morgan City, down near the mouth of the river. I can't believe that.

If a man is a German spy, does that make his wife a spy, too? They had three or four kids. Were they spies? She had twins during the time we knew them. Were the twins spies? Twin spies. Baby spies. Spy babies?

The earth spun on its axis and sped through space, creating and consuming time as it went. Alexson's thoughts turned quickly from the outrageous absurdity of war to the peaceful beauty of nature when he heard, at a great height, the voices of a flock of Canada geese, migrating south to the Louisiana marshes. He could not see them in spite of the night's brightness once the early-evening fog had lifted, but he could hear their pure voices distinctly in the deep silence of the swamp, and he smiled gratefully, for he knew that they were beautiful.

The boy could not sleep. He continued to stare out into the swamp, studying the strange details of the moonlit trees and stumps. He remembered, almost suddenly, that it was in this same Buffalo Swamp that his father had supposedly disappeared. He felt the chill of fear at the thought, and realized that Wilferd had not entered his mind for several days. Earlier that fall he had questioned his grandfather about Wilferd, and now he recalled the conversation:

"Vieux Pop, why does Big Mom call my dad 'that no-good Shell-grave bastard?'" Ti Frere asked Aristile as they walked through the woods one afternoon looking for signs of deer.

"Aw, you know how Big Mom is, don't you? It would be hard to find any man half good enough to please Eulalie Guilbeau."

"But I heard her tell Mama once that if my pop ever crawled out of the swamp alive, she'd finish him off herself." Aristile stopped and pointed to the tracks of an unusually large buck mixed in with the smaller, heart-shaped prints left by several does.

"The buck was walking way behind the females, letting them take all the chances," he said.

"Was my pop a bad man?" the boy asked, refusing to look at the tracks.

"Come and sit with me on this log for a while," Aristile said, pointing to the trunk of a red maple that had been knocked over by a hurricane the preceding September. When the two friends had settled there Vieux Pop began: "It's hard to judge whether a man is good or bad. Your father was the last of eleven children, and the family was poor, poor. Life was not easy, and he had to fight for everything he got, from food on the table to a place to sit in the boat when the family went to town. He got to be a scrapper; he had to be. I knew him when he was growing up. He was always getting into a fight with somebody, the neighbors' kids, his own brothers and sisters. He grew up like that, never getting enough of anything. His dad, your other grandfather, spent lots of days working away from home, wherever he could make a few dollars. Times were very hard.

"Your dad always had big dreams of an easier life. He began doing things that he should not have done. Even when he was just a boy, he would take things from people who had more than his family had. And when he was able to kill more deer than the Shellgraves could eat, he'd shoot an extra one and find somebody who would buy the meat from him. After a while he was taking orders for deer meat, ducks, squirrels, game fish, whatever people wanted to pay for. I might as well tell you that, because somebody else will if I don't, you know?

"Wilferd had spent a good deal of time off in the woods by himself, and he knew where to hunt for animals and birds he could kill and then sell. Wildlife was fairly plentiful and he figured it wouldn't hurt anything if he took more than his share. He was good at it, but the law was always after him, and he got to be a little mean and impatient. He never found the easy life he was always hunting for, you know?

"Will he ever come back, Vieux Pop? Is he dead?" Ti Frere was looking back down the trail on which they had been walking.

"I don't know, boy. I don't think he'll be coming back. But I just don't know."

"Mama never wants to talk to me about him." It was a question.

Aristile said nothing. He looked back down the trail where Ti Frere still had his eyes fixed. There was nothing more he wanted to say about Wilferd Shellgrave.

Dreams

Finally the boy fell asleep with Moccasin snuggled against his back, and with the eyes of scores of quiet birds and animals looking down on them from the branches of their big tree. Ti Bird was sitting on the stern of the pirogue, watching movements of fish in the clear, shallow, moonlit water.

For two or three hours Ti Frere slept soundly, too exhausted to feel any discomfort in the rough place where he lay. Then he was awakened

by the loud, frightened squawk of a great blue heron that had come to perch on its favorite low branch and realized at the last moment that just below it were a boy, a dog, and a pirogue with a hawk. Ti Frere sat up and rubbed his eyes, wondering what it was that had awakened him. Then he turned over and fell asleep again, but this time his sleep was disturbed by dreams. He saw himself

standing at the base of the big tree, as he had stood earlier that evening, knocking on the huge trunk as on a door. But this time a doorknob appeared, and the outline of a door. He turned the knob and pulled; the door opened and he stepped into the tree, into a well-lighted room inside the trunk, a room filled with food—cans of Spam and potted meat, packets of unsalted crackers next to tins of the best sardines, platters of boudin sausage and roast duck, rice dressing and buttered sweet potatoes, fried catfish and chicken gumbo, steaming piles of boiled crawfish and shrimp, hot French bread and home-churned butter. Ti Frere ate as he walked from one table to another, never filling up, tasting everything.

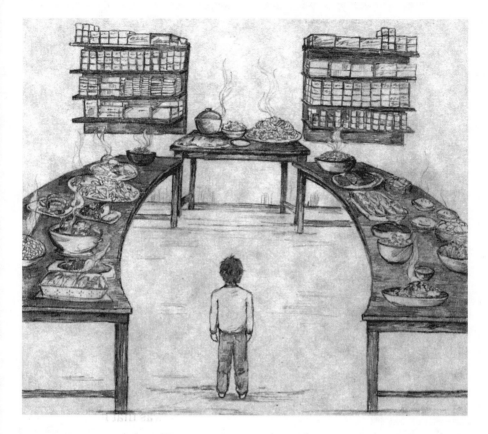

There was another room, like a room in his house, and his mother sat there near a window, her heavy work shoes on her feet, a beautiful smile on her face. He stepped up and took her hand, but she seemed not to notice. She was looking across the room to where his father was rummaging through the old chest, searching frantically for something, throwing clothes and papers and old photographs in all directions. Ti Frere looked back at Octavie and realized that she had hidden something from Wilferd and her smile was a clear sign that she knew he'd never find it.

The picture of Vieux Pop and his logging buddies landed at Ti Frere's feet. He picked it up and put it back into the old chest, but his father threw it out again as he searched for the thing he couldn't find. Ti Frere stepped to the window at the back of the room and looked out, but instead of the familiar back yard with clothes line, chicken coop and all, there was an endless body of water with old fashioned sailing boats and seabirds.

When the boy turned around, Wilferd and Octavie were gone, and when he stepped into the first room, all the food was gone. It was like the inside of a hollow tree, but as big as a room in an old English castle he had seen in a magazine photograph at Big Mom's house. He looked for food everywhere, but not one can of potted meat remained, and his stomach hurt him until he woke up and remembered where he was. The bright moon was almost directly overhead. Ti Frere walked to the water's edge and got down on hands and knees, his hands in the water. He lowered his head until his lips broke the surface, and he drank from the shattered reflection of the moon.

Soon he was asleep again. In his next dream Ti Frere was walking on a footpath that crossed a big pasture near the school he attended in the little town. Suddenly there were two road graders flying around, huge motorized graders like the ones he was used to seeing grade the holes out of the gravel and shell road that went by the school. They were flying like crop dusters, but they no more had wings than the regular road graders that he was used to. Then they began dropping pieces of paper that Ti Frere knew contained a message for him, but the wind was blowing them into the trees along the edge of the pasture. When he ran into the woods and tried to find one of the pages, they were gone. Every time he saw one fall through the trees, he tried to catch it, but as soon as it touched the ground, it would disappear. He could never grab one in time. Frustrated and exhausted, his bare feet cut and bruised, he began to cry. Ti Frere awoke sobbing, with real tears running down his face. He knew not what to make of the dream nor why it made him so sad to have missed reading the message.

The lonely boy stood up and walked around the big tree again. He was not only hungry now; he was cold. It was late November, and winter was only days away. He had no extra clothes stored in his boat, but there was an old life jacket that he used as a seat, so he got it out of the pirogue and covered himself the best he could with it as he curled up against the big tree again. Moccasin watched sleepily for a minute; then both of them fell asleep as before.

That night, while Ti Frere struggled with his cold and hunger and his dreams under the giant tree, Vieux Pop paced the rooms of the cabin.

"Can't you settle down, Pop?" Octavie asked. She sat in one corner of the main room making crawfish traps from chicken wire and steel clamps.

"I'm worried," Vieux Pop admitted. "There's nothing we can do now." He began slicing onions at the dining table.

"You said it was OK," she reminded him. "He knows the swamps pretty well, you said. He'll be all right."

"That's what I said, but I'm worried. He's only twelve, and even Wilferd disappeared out there, well as he knew how to handle himself."

"You trying to scare me, Pop?" Octavie asked, concern showing on her pretty face.

"No. I quit," Aristile said. He left the onions and began preparing the woodstove for cooking a venison roast. Sandwiches of venison were among Ti Frere's favorite foods. Roast duck was his favorite of all, but it was still early in the year for duck hunting, and the skillful old cook didn't have any ducks to roast. He knew that he would not be able to sleep that night, and he had begun to find things to do to occupy himself. At first light he would leave for the place on Six Hundred Dollar Bayou where he hoped to find his grandson.

It was after midnight when Octavie, exhausted by work and worry, stopped making traps and prepared for bed. She put her tools and clamps into an old straw basket on the floor beside her chair.

"Take care tomorrow, Pop. I'll be waiting. And I'll be wanting to feed two men here tomorrow evening."

Men? I've already fed two men. Fed myself to them—Valsin and Wilferd. For what? The swamp and the river took both of them. I fed myself to them, and they fed themselves to the river. Now Ti Frere is gone. What can I do? Please, Big God, this is Octavie down here on the bayou. Let my son come home safe, OK?

"Pop, is there anything I can do? I don't know where you're going, and I know you want to go by yourself, but maybe I could go and look for him in another direction."

Aristile looked up from where he was squatting before the cookstove, feeding dry wood into it. He smiled and winked, trying to hide his own apprehension.

"No, Baby Girl, you'd better stay here in case he finds his way back. Otherwise, I think I know where he might be coming out."

Ti Frere's last dream was the strangest. He would ask himself later whether it had been a dream at all. The sky became cloudy and dark, and a strong wind began to blow, with a strange lifelike moan rising and falling at the treetops and along the water's surface. Ti Frere saw himself lying on the ground at the base of the tree, and he saw himself standing with the tree behind him as well. He felt that something was coming his way, something strange and powerful and not as friendly as he would have liked. For what seemed like hours there were only the wind and the moaning sound, sometimes like a whistle, sometimes a groan. Finally an enormous hawk-like bird came gliding slowly through the trees, turning this way and that to miss the trunks and branches, glowing brightly as though lit from the inside.

Ti Frere looked down and there was a bottomless pool at his feet. From the depths there rose a great white fish, each scale glowing like the feathers of the hawk that now circled slowly around the big tree, never taking its eyes from Ti Frere's face. On his right he felt another presence, and he turned to see a deer, a pure white buck standing like a statue at the far edge of the little island. The buck too glowed with an inner light.

None of these creatures was like any that Ti Frere had ever seen, and he began to tremble in fear and to push back against the big tree. He felt that the hawk was going to swoop down at him, but there was no place to hide. The big fish was rising toward the surface of the pool at his feet, and now he saw there were sharp teeth lining its jaws. The buck lowered his head for a charge that would drive its sharp antlers right through Ti Frere and into the big tree.

Ti Frere struggled to wake up. He closed and opened his eyes over and over but each time, the scene remained unchanged, and the dark wind continued to moan through the trees, louder and louder. Ti Frere swung his head from side to side: "Why me?" he screamed. "What did I do?" Then he saw his grandfather standing on the little island to his left, glowing in the same way as the other creatures. "Vieux Pop!" Ti Frere called out, but when the boy tried to run to his grandfather, he stumbled and fell. He struggled to his feet and looked up, but the old man was gone. He turned quickly to face the attacking spirits, if that is what they were, but they too were gone. There was only a bass in the water near his pirogue, a beautiful buck walking into the trees only fifty feet away, and Ti Bird circling above and calling, his wings catching the first golden rays of the rising sun. Ti Frere walked to the place where he had seen Vieux Pop standing, but the ground was covered with cypress needles and he couldn't find any footprints. He stepped to the water's edge and squatted there, splashing water into his eyes and face, trying to determine whether the dream was over, or whether it had been a dream at all.

The sky was clear, and a low fog clung to the surface of the water. As Ti Frere dried his eyes on his shirt sleeve, he turned and looked out toward the west. There he saw the passageway that Vieux Pop had described, the tunnel-like path that had been made when the huge logs were dragged through the swamp more than sixty years earlier.

In the light of early morning, Ti Frere turned to look at the giant tree, now that he could see it well. He ran his fingers over the bark in the area where a door had opened for him during the night. Entering the tree had been a dream, but it seemed as real to him now as any event in his life, and the glowing spirits, strange as they were, seemed even more real than other things, though he could not begin to understand what their meaning might possibly be. He could close his eyes and see everything in his mind as it had been during the night, and he found it difficult to push the images aside and enter the day that was progressing around him. He walked all the way around the big tree once more and looked up at its towering trunk. From the branches just above his head, a young raccoon looked back at him.

A barred owl, made uneasy by Ti Frere's gaze, turned its head nervously before flying off to a nearby tree. A pair of fox squirrels chattered happily and chased each other from branch to branch a hundred feet above the boy. Finally, when Ti Frere had satisfied himself that the tree was as real as he was, he walked slowly to his pirogue. Moccasin had already settled himself comfortably in the middle of the boat, and Ti Bird was perched on the bow, ready to continue the journey through this new territory.

Confused by the events of the night and weakened from lack of food, Ti Frere had already started paddling toward the tunnel-like passageway leading away from the tree when he remembered to look for the axehead stuck into the stump where Wilson had sat on the day the big tree's life was spared. He turned around, looked back and saw three objects more clearly than anything else in the vast swamp: the huge tree against whose trunk he had slept, an enormous stump about forty feet to the left—*that must have been Mr. Choupique's 1,869-year-old record holder*—and another big stump to the right where Wilson had probably sat smoking, waiting for his reluctant crew to saw down the last big tree.

The axe bit was still protruding from this stump, though some of the sapwood had rotted away, exposing more of the bit than had shown on the day it had become imbedded. The boy thought of removing the now rusty piece of metal and taking it home with him, but he felt he should leave it where it had remained these many years. Ti Frere paddled to the bigger of the two stumps and stepped out of his pirogue into the shallow water. Placing a bare foot into an old springboard hole, he lifted himself to the flat top of the stump. The annual rings stood out now as hundreds of tiny ridges, the softer wood between them having finally begun to decay. Ti Frere put his right index finger at the exact center of what had been the old tree's heart. "71 A.D.," he said aloud.

Then he lay with his back against the stump and looked up at the morning sky. Another flock of geese was passing high overhead, and he began counting them. "Migration is a mystery," Vieux Pop had said. Ti Frere could remember just when he had said it. They were sitting around the woodstove a week before Christmas last year, and Aristile was putting an edge on his old bone-handled skinning knife that he had sharpened so many times for so many years that it was more handle than blade now. A late-migrating flock of geese had gone by, and Aristile had stopped to listen. "Don't lose sight of anything in life that is a mystery," he had said. "Well, Vieux Pop, it's a mystery to me how you could cut all those trees and never tell me about it," the boy thought. "I'm not losing sight of that; you can count on it."

Ti Frere watched until the last of the geese were gone; then he climbed down to the water. His muscles were sore and knotted as he paddled his big pirogue into the passageway that Vieux Pop had told him would lead straight to Six Hundred Dollar Bayou. He knew that the trip would not be an easy one.

I haven't eaten anything since that supper on the porch—when was it?—day before yesterday, I guess. Seems longer than that. I'm cold and damp. I didn't sleep well, even though I was surely tired enough. I'm only beginning to find my way out now and I'm already exhausted. For all its safety, I wish my pirogue were smaller and lighter. I don't know if I can make it all the way out to the bayou.

Cottonmouth

Ti Frere had gone only about two miles when he thought he could see the big oaks that Vieux Pop had described, the ones where Indians had once lived. He became excited by the prospect of being almost halfway out and he began paddling faster and less cautiously. He realized his mistake only after his heavy pirogue had slid up on a slightly submerged cypress log and stuck there. There are times when a boat lodged on a log or stump can be moved off by simply shifting the weight in the boat away from the point that is in contact with the submerged object. But sometimes the boat is so solidly stuck that it won't float off, and one must get into the water to pull it free.

Ti Frere put a hand on each side of him, planning to raise himself, as he always did, from a sitting to a standing position, by using the pirogue's gunwales as supports. Then he saw that only three inches from where his right hand lay was a thick-bodied cottonmouth moccasin, coiled and motionless on a little branch that protruded from the submerged log. Ti Frere froze, knowing that if he pulled his hand away suddenly the big snake would strike. Weak and exhausted as he was, and hot from paddling as fast as he could, the boy knew that the poison would course quickly through his blood, and that he would not likely survive.

"It's too late for them to be out," Ti Frere thought as new beads of sweat began to form on his skin. "Snakes should be hibernating in late November. It's not right." The boy sat more still than he ever had at any time in his short life. "You can smell a moccasin before you see him, if you keep your nose turned on," Vieux Pop had told him. His eyes met the hooded eyes of the serpent, and he watched the reptile's tongue slithering in and out of its mouth. "A cottonmouth can taste the air with his tongue. He can sense if you're hostile or not." Every detail of the big snake's flat wedge-like head and heavy jaws was clear and sharp to him. Its eyes seemed the essence of evil, though the boy knew that no wild creature is either good or evil. Ti Bird had flown off when the pirogue hit the log, and Moccasin watched the snake, not knowing whether to attack or wait, having received no sign from Ti Frere. The tension was almost deafening, and the moment seemed endless. Finally, when Ti Frere was about to try to move his hand slowly back and away, the cottonmouth shifted its eyes to look at Moccasin, who had begun to growl deep in his throat; then it began very slowly to uncoil its heavy body and back down into the water, choosing to spare the now trembling boy.

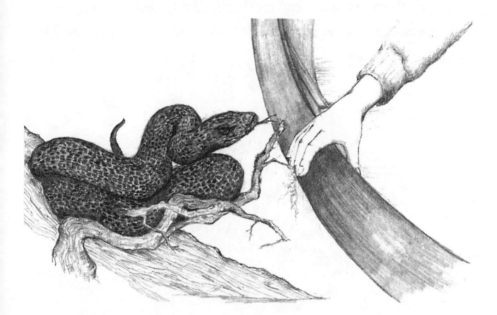

For several minutes Ti Frere sat motionless, relieved and drained. When he had recovered, he moved to the rear of his pirogue and called Moccasin to him. With their combined weight away from the pirogue's point of lodging, Ti Frere was able to push the boat backward off the log, go around it, and continue his journey.

The oaks Ti Frere had seen before his encounter with the cotton-mouth were not the ones Vieux Pop had told him about, and he began to fear that he was lost again, but he kept on paddling. It was another two miles before he saw the big evergreens standing in the water on both sides of his passageway. He felt encouraged and strengthened by the certainty that he was close to finding his way out of Buffalo Swamp, and that he was finished with being lost. Ti Frere paddled his pirogue through the roots and directly beneath the immense trunk of the largest of the strange oaks. Moccasin growled a warning at whatever creature he imagined might be hiding in the darkness among the roots that formed a ceiling above them. Ti Bird had flown from his favorite perch and landed in the branches of the big oak before the pirogue entered the root system. The boy stopped under the tree, fascinated by a thing he had never before experienced, to be below the trunk of a living tree; but Ti Bird became concerned when the expected exit of the pirogue didn't occur, and he began calling worriedly for his friends.

Ti Frere sat quietly for a while, trying to imagine what the lives of the Indians might have been like. He knew that the Chitimacha had lived here and elsewhere in the Basin for hundreds of years before the white people came. He knew that they were even closer to nature and wildlife than he and his grandfather were, and that they had not destroyed the cypress forest as the white people had, but he knew nothing of their day-to-day lives: what they ate, how they hunted, whether they lived peacefully, how they survived the mosquitos in summer and the cold in winter.

I read a little about the Chitimacha people in the library at school. One book said that the tribe had gotten into a terrible war with the French in the early 1700s, and was nearly wiped out. That was before the Cajuns came here. I asked my teacher for some more information, but she didn't know anything, so I dropped it. I'll have to ask Vieux Pop. He told me one time that he had known some of the Indians before they all moved away. I don't even know where they went, and I don't know why they left the Basin. He said they were closer to the spirits than we are.

Ti Frere picked up his paddle, patted Moccasin on the head and called to Ti Bird as he maneuvered his pirogue through the big oak's massive roots and back into the straight-cut passsageway out to Six Hundred Dollar Bayou. He pushed on with a strength built of optimism, hope and a growing desire to be reconciled with Vieux Pop. He knew his dark journey into the depths of Buffalo Swamp was nearing its end.

I always know when Vieux Pop has something important to say to me. "Come on, Ti Frere, let's go take a walk," he'll say, and we'll start off down one of the several trails that go off into the woods behind the back fence of our yard. Some days we talk about patience; sometimes, open-mindedness. He often talks about determination. He has more ideas than all the teachers at my school put together. I wonder what it was that kept him from telling me anything about his logging days.

I guess I'm beginning to feel a little better about Vieux Pop. I hope he'll be at the bayou waiting for me, but he might not. He never knew what direction I went when I left the house. He wasn't even there.

He must have had a reason to cut the big trees. He's the best person I know, and if he did something wrong, there has to be a reason. I guess I never gave him a good chance to explain before I got mad and ran away from him. Now I miss seeing his face and hearing his voice. I guess I made him sad.

Reunion

Vieux Pop was waiting at the bayou and Ti Frere knew as he approached that the old man had been there for a long time, for Aristile's putt-putt motor could have been heard for miles across the quiet swamp, and Ti Frere had not heard it: "I wonder if Vieux Pop spent the night here on the bayou waiting for me," he thought. "How did he know that I'd come out here?" When his pirogue slid up on the bank next to the old man's boat, Ti Frere jumped up and began running toward his grandfather, almost stumbling over Moccasin, who was barking excitedly and dancing all around Vieux Pop. The young boy bumped into the old man and hugged him tightly, almost knocking him off his feet. Then he stood back and they both laughed, before either spoke a word. "I'm sorry, Vieux Pop," Ti Frere said, just as Vieux Pop said, *"Toe doit gan fain."* (You must be hungry). Then Aristile said, "We miss' you, boy," just as Ti Frere said, *"Ma pay mort de fain."* (I'm dying of hunger). Then they laughed again at the confusion of speaking at the same time and in different languages.

Finally, they got into Vieux Pop's boat, where Ti Frere changed into dry clothes and Aristile began laying out the food he had brought: roast venison sandwiches on Octavie's homemade bread, cold sweet potatoes and cornbread with cheese baked inside it. Then he pulled up from the water a quart-sized bottle of fresh milk that he had earlier lowered on a long string into the cold depths of the bayou. Ti Frere devoured one of the sandwiches as Vieux Pop threw meat scraps to Moccasin and then fed Ti Bird, holding bits of fish in his lightly closed fist, making the young hawk probe with his beak to find them. It was a game the old man had often seen his grandson play with Ti Bird.

Ti Frere had nearly finished his second sandwich and Vieux Pop was making some minor adjustments on his putt-putt motor when Aristile decided that there would be no better time to try to explain to Alexson what had happened when he had accepted work as a logger. He reached over and touched his grandson to get his attention: "Ti Frere," he began, "as a cutter of big trees I was very good—a champion. I was nearly as good with an axe as Lash Larue was with his long whip. I could drop a big tree and before it hit the ground, my sharp axe was biting into the next tree. I had jumped from one springboard to the next. We must do what we can do best in this life. Pride in cutting trees was one of my vines. I could have done something else...I know that now, but at that time, there was no one to uproot that vine and pull it off of me. Anyhow, I would not have let it happen. Not even Choupique could help me. I was twenty years old!

"I could have made boats, I could have made nets and caught fish and turtles as I do now. But cutting trees was what I wanted to do, and I was well paid by the land company. I thought I was something special. I didn't let myself feel anything for the great forest I was helping to destroy. All I could see were the trees that waited to be cut. I had no more understanding of what I was doing than a hound dog understands the deer he chases, so that the hunter can shoot it. If the dog does his work right, he is petted, praised and fed well. What does he care about the deer? If there comes a time when all the deer are killed, the dog will have to be trained to do something else. What about the people who wanted only to see the deer and to live in a world where deer could walk safely through ancient forests? As far as the dog is concerned, or the hunters, let those people visit the zoo."

Aristile filled his fuel tank from an old five-gallon can of gasoline he always kept under a canvas tarpaulin at the back of the boat. He looked at Ti Frere, who was settling himself and Moccasin on a pile of old sacks toward the middle of the boat. He knew that the boy would soon be asleep, in spite of the loudness of the putt-putt engine.

"Do you pity the deer, Ti Frere, and the enchanted forest that has been converted into cutover swampland? Then pity me also," the old fisherman said, as he reached over and put his hand on the sleepy boy's shoulder. "I am a man who destroyed, with my own hands, the greatest and most beautiful thing I have ever seen with my own eyes."

"Vieux Pop," the boy said, with his head lowered. Then he looked straight into Aristile's grey eyes: "I shot a rabbit. And I threw it into the water."

"I know. I saw it."

"I'm sorry."

"I know."

Aristile settled back into his old cypress boat seat, worn smooth and shiny by many years of contact with the seat of his pants; he gave the flywheel a spin, and his old putt-putt engine popped loudly to life.

Alexson was already asleep by the time Aristile had guided the boat, with pirogue in tow, away from the bank and into the middle of the bayou.

"Listen, Ti Frere," he said; he reached toward his grandson, then realized that the boy was sleeping. Aristile spoke anyway, not to himself exactly, but almost inaudibly, against a cold late November wind and the noise of the simple old engine: "I wanted to tell you, Alexson, that I think I have begun to understand the poster that hangs on my wall. I believe that people's greatest challenge may be to discover the meekness that is our true nature." He paused.

"We'll find time to talk about it one day, maybe tomorrow." He paused again.

"Well, maybe next year."

Epilogue

For Vieux Pop the Atchafalaya Basin was the center of the universe. He sometimes called the river "de almighty." He communicated with the spirits in nature. His presence will never leave the big woods. I can feel it there every time I go back, and I wonder why I left. Where's the center of the universe for me, for Ti Frere? I've banged around north and south, east and west, and I'm still searching for something, like Wilferd in the old chest, and I hear someone laughing.

The Basin is the only place that provides me peace of mind. If I close my eyes, I can see Vieux Pop building a pirogue, and tracking a deer through the dry November woods. I can see him stirring gumbo at the big woodstove, playing cards and making music with his friends. Every detail is clear and sharp, like images in an old black and white photograph. And I'm still sitting there on the woodbox, half-asleep, dreaming of the giant trees that will never be again.

I can hear music from his accordion and the loud noise of his two-cylinder putt-putt motor boat echoing through the swamps. I can smell the coffee and the gumbo heating on the woodstove. I believe that the center of my universe lies in the memory of Vieux Pop, and in understanding the meaning of his life, for I suspect that I am not yet unlost.

c'est tout
The End

Any fool can destroy trees. They
cannot run away; and if they could...
they would be...hunted down as long
as fun or a dollar could be got out
of their bark hides...Through all
the wonderful, eventful centuries
since Christ's time—and long before
that—God has cared for these trees...
but he cannot save them from fools—
only Uncle Sam can do that.

John Muir
1838 - 1914

Sealth Speaks:
(apocryphal)

The earth is our mother. Let us start with that.

How can one buy or sell the air, the warmth of the land? That is difficult for us to imagine. We do not own the sweet air or the sparkle on the water. How then can you buy them from us?

Each pine tree shining in the sun, each sandy beach, the mist hanging in the dark woods, every space, each humming bee, every part of the earth is sacred to my people, holy in their memory and experience.

We are part of the earth and the earth is part of us. The fragrant flowers are our sisters. The reindeer, the horse, the great eagle are our brothers. The rocky heights, the foamy crests of waves in the river, the sap of meadow flowers, the body heat of the pony—and of human beings—all belong to the same family.

So when the Great Chief in Washington sends word that he wants to buy our land, he asks a great deal of us.

We know that the white man does not understand our way of life. To him, one piece of land is much like another. He is a stranger who comes in the night and takes from the land whatever he needs. The earth is not his friend but his enemy, and when he has conquered it, he moves on. He cares nothing for the land. He forgets his parents' graves and his children's heritage. He kidnaps the earth from his children. He treats his mother the earth and his brother the sky like merchandise. His hunger will eat the earth bare and leave only a desert.

I have seen a thousand buffalo left behind by the White Man—shot from a passing train. I am a savage and cannot understand why the puffing iron horse should be more important than the buffalo, which we kill only in order to stay alive. What are human beings without animals? If all the animals ceased to exist, human beings would die of a great loneliness of the spirit. For whatever happens to the animals, will happen soon also to human beings. Continue to soil your bed and one night you will suffocate in your own waste.

Humankind has not woven the web of life. We are but one thread within it. Whatever we do to the web we do to ourselves. All things are bound together. All things connect. Whatever befalls the earth befalls also the children of the earth.

—Sealth (known to whites as Chief Seattle)
Address to President Franklin Pierce – 1855

Greg Guirard (337) 394-4631 • Fax (337) 394-3536
1470-A Bayou Mercier Road
St. Martinville, LA 70582

Le Royaume des Géants Morts

Un récit pour tout âge

par

Greg Guirard

Traduit de l'américain par

Faustine Hillard

Auteur et éditeur: Greg «l'ours qui danse» Guirard

Traduction: Faustine Hillard

Photographies: Greg Guirard

Mise en page: Holly Carruth, Greg Guirard

Rédactrices: Lydwine Lafontaine, Anne Shirley

Rédacteurs: Greg Guirard
Richard "Le gros Cadien de la Prairie" Guidry

Table des Matières

Liste des personnages –l'année est 1948

Aristile « Vieux Pop » Guilbeau –âgé de 68 ans—pêcheur et penseur cadien, né en 1880 dans le bassin de l'Atchafalaya.

Alexson « Ti Frère » Shellgrave – âgé de 12 ans—petit-fils d'Aristile et élève du vieil homme.

Octavie Guilbeau Shellgrave –âgée de 38 ans—une femme née et élevée sur le Bayou Goujaune, elle est fille d'Aristile et mère d'Alexson.

Wilferd « Brother » Shellgrave – âgé de 37 ans lorsqu'on le vit pour la dernière fois en 1944—braconnier à plein-temps, mari d'Octavie et père d'Alexson.

Choupique LaCouture – âgé de 28 ans en 1899, bûcheron, il choisit de défendre le plus grand cyprès du marécage.

Eulalie « Grande-Maman » (Big Mom) Guilbeau–âgée d'à peu près 100 ans à l'époque du récit et mère d'Aristile. Eulalie habite en ville, joue aux cartes pour se distraire et tient pour philosophie l'obligation que tout le monde doit faire chaque jour un effort particulier pour être heureux.

Galveston Guilbeau –âgé de 65 ans—fils d'Eulalie et frère d'Aristile, aventurier et *globe-trotter*, il est, selon Eulalie, décidé à conquérir l'Amérique du Sud.

Lash LaRue –âgé d'à peu près 27 ans –cowboy Hollywoodien et vedette de cinéma de cette époque, né en Louisiane, il est doué d'un superbe aplomb avec le long fouet à vaches.

Crapeau Ardoin –âgé de 66 ans—un des amis les plus anciens d'Aristile, c'est un pêcheur qui aime bien manger, jouer aux cartes et faire de la musique.

Placide « Seed » Laviolette et Clairmille Trosclair –âgés d'à peu près 65 ans, amis d'enfance de Crapeau et d'Aristile, ils font partie du petit groupe qui cuisine, joue aux cartes et fait de la musique chaque semaine.

Wilson –âgé de 35 ans, patron d'une compagnie d'abattage de bois, il est résolu à abattre tous les cyprès susceptibles de produire du bois de construction destiné au commerce.

Sherwood Anderson –1876-1941, romancier américain et auteur de nouvelles américaines, né dans l'Ohio. Durant les années 1920, il vécut quelque temps à la Nouvelle-Orléans où il rencontra un jour Aristile Guilbeau. Ils passèrent ensemble un après-midi mémorable.

Mocassin –le chien de race mixte d'Alexson et son compagnon fidèle à tout moment, à l'exception des moments que le garçon doit passer à l'école à apprendre l'anglais...

Ti Bird –un faucon aux épaules rousses, recueilli lorsqu'il était encore poussin, élevé par Alexson.

Quelques termes nouveaux pour certains lecteurs...

Les lecteurs avertis sont priés de passer à la section suivante...

Le bayou –un petit cours d'eau de source naturelle dont l'eau coule lentement jusqu'à la période des crues. Du mot choctaw (c'est-à-dire amérindien), *bayuk* signifie un ruisseau ou une petite rivière. Un bayou peut traverser aussi un marécage comme il peut traverser des surfaces plus arides.

La cyprière–une étendue naturelle peu profonde et souvent recouverte d'eau. La végétation s'y limite au cyprès chauve, à « l'olivier d'eau» ainsi qu'à d'autres arbustes tolérant les multiples inondations chaque année. Les plantes aquatiques telles que la jacinthe et la lentille d'eau prédominent à sa surface.

Le marais –une surface d'eau peu profonde avec quelques arbres épars. Contrairement au marécage, il se situe souvent plus près d'une étendue d'eau salée (telle que le Golfe du Mexique) que le marécage. Des arbrisseaux et des herbes variées y prospèrent, certains ayant une tolérance élevée pour le sel et l'eau saumâtre.

La levée –un remblai de terre, une digue souvent construite pour guider et maîtriser le flux de l'eau. Une levée a été construite au début des années trente par les Ponts et Chaussées aux limites est et ouest du Bassin de l'Atchafalaya.

L'Atchafalaya –réputée dans la région comme étant « la rivière la plus profonde du monde», elle est en vérité assez courte. Provenant du centre de la Louisiane, elle se déverse au sud dans le Golfe du Mexique. Son nom vient du mot choctaw *hacha falaya* qui veut dire «longue rivière.» L'eau de l'Atchafalaya et son limon proviennent en grande partie du fleuve du Mississippi.

Le cyprès –l'arbre le plus répandu du marécage, il est extrêmement apprécié pour son bois durable, facile à travailler, résistant à la fois aux termites et à la pourriture.

La pirogue –une barque étroite. Elle ressemble au canoë mais à fond plat. Construite autrefois en cyprès, elle est aujourd'hui fabriquée, en général, en contre-plaqué marin, en fibres de verre ou en aluminium. Propulsée à la pagaie, la pirogue est d'usage courant surtout avant l'époque des bateaux à moteurs hors-bord. Elle sert à la pêche, à la cueillette de mousse espagnole et au transport.

Le bateau marchand ou bateau ravitailleur —un bateau assez large à fond plat, fait en bois, appartenant en général au poissonnier de la ville. Autrefois, tous les deux ou trois jours les bateaux marchands passaient chez les pêcheurs qui habitaient le long de la rivière Atchafalaya. Ceux-ci mettaient leur pêche dans des viviers faits de cadres grillagés, submergés en partie dans l'eau de la rivière ou du bayou —les pêcheurs y gardaient leurs poissons en attendant de les transférer dans la cale d'un de ces bateaux marchands. En général, les habitants des marécages et des rivières échangeaient leurs prises contre des vêtements, de l'essence, de la quincaillerie, des conserves, de la viande fraîche, de la glace; bref, contre tout ce que l'on pouvait commander et se faire livrer au prochain passage du bateau ravitailleur dans leur coin du monde.

Les enfants qui n'étaient pas sages étaient menacés de la sorte: « Si t'es méchant, je vais te jeter dans ce vivier-là et te faire l'échange contre une boîte de haricots verts à l'arrivée du prochain bateau marchand!»

La scie passe-partout –une scie de six à huit pieds de longueur, actionnée par deux hommes tenant chacun la poignée aux bouts opposés, employée pour abattre le cyprès ainsi que d'autres arbres dont le bois avait une valeur commerciale dans le bassin de l'Atchafalaya et ailleurs.

Le tremplin –une planche de six pieds de longueur avec, vissé au bout, un rebord métallique. Enfoncé dans le fût de l'arbre par des entailles de cinq à six pouces de profondeur le tremplin offre au bûcheron une étroite plate-forme horizontale sur laquelle se tenir pour déployer ses haches ou sa scie *passe-partout*.

Les cercles annuels, les cernes ou les anneaux de croissance –lorsque le tronc est coupé de part en part et que l'arbre est abattu, les couches annuelles d'un arbre permettent de calculer son âge. Généralement, chaque anneau représente la croissance d'une année. Il est donc possible de déterminer l'âge de l'arbre en comptant les cercles annuels.

Le poisson armé (alligator gar) —un poisson d'eau douce comestible et de grande taille. Autrefois, il était abondant dans les marécages et les rivières, pesant fréquemment plus de deux cents livres.

Le casse-burgau –Freshwater Drum - une appellation locale désignant un poisson comestible à écailles. Ce poisson est appelé plutôt *casse burgau* dans d'autres parties du monde.

Le goujon jaune –le poisson-chat jaune, un plat préféré des pêcheurs cadiens.

Le choupique – Bowfin - un poisson de marécage avec beaucoup d'arrêtes. Pour certains, peu appétissant alors que pour d'autres il est prisé. Capable de respirer l'air, le *choupique* survit pendant les périodes sèches en se terrant dans la boue humide des bayous ou des fonds de lacs.

Le poisson «buffle» ou le «buffle»–encore une variété de poisson de rivière et de bayou de valeur commerciale, une variété de carpe blanche.

Le sac-à-lait –une perche blanche. Un poisson délicieux quand il est sauté, il est fortement apprécié à la fois pour le sport et pour la consommation.

En Ville –dans le contexte cadien, cela fait référence à la Nouvelle Orléans, la ville la plus grande de la Louisiane.

Les Amérindiens Chitimacha –une tribu d'Amérindiens qui habitaient, pêchaient et chassaient dans le sud du Bassin Atchafalaya avant que les Blancs n'arrivent. Les Chitimacha vivent aujourd'hui dans la petite ville de Charenton au sud-ouest du Bassin.

Le soco – muscadines - raisins qui poussent sur des vignes sauvages accrochées aux grands chênes le long du bayou. Le muscadet est souvent utilisé pour faire de la confiture ou du vin.

Le gros bec –le héron de nuit à tête dorée, protégé à l'heure actuelle par les lois fédérales gouvernant la chasse, quand même il est mangé fréquemment par les cadiens.

Un carrelet –un filet cylindrique à mailles, de trois à six pieds de diamètre et de sept à douze pieds de longueur, dont la forme est maintenue par une série de cerceaux faits de bois courbés, d'acier ou de fibre de verre.

Le français cadien – une variété vernaculaire de français parlé en Louisiane par environ 250,000 personnes. Il est marqué linguistiquement par l'origine historique acadienne de ses locuteurs (exilés d'Acadie au dix-huitième siècle) et par les nombreux contacts que ces populations ont établis avec d'autres communautés francophones (francophones de France, créolophones) et non francophones (hispanophones, langues amérindiennes, anglophones) depuis leur arrivée sur le sol louisianais. Le français cadien n'a pas encore fait l'objet d'une normalisation officielle. Quelques variations sur le plan de la prononciation, de la grammaire et du lexique existent entre les différentes pariosses francophones, mais elles ne remettent pas en question la compréhension mutuelle entre les locuteurs.

Pour mes petits-fils: Isaac et Nicholas
Venez et héritez l'Atchafalaya.

The photographs on pages 151 and 167 used by permission from the St. James Parish Historical Society.

Les photographies aux pages 151 et 167 sont imprimées avec la permission de la Société historique de la paroisse Saint Jacques.

Note de l'auteur: Cette histoire est plus ou moins autobiographique, surtout en ce qui concerne Ti Frère, Vieux Pop, Big Mom (Grand-Maman), Lash LaRue et le Bassin Atchafalaya.

Prologue

Le Bassin Atchafalaya est une vaste région de près d'un millier d'acres de forêts, de bayous, de marécages, de rivières et de lacs. Pendant deux siècles, il fut le domicile de plusieurs milliers de familles de pêcheurs, de chasseurs, de bûcherons et de coureurs de bois avec leurs familles. Aujourd'hui, l'abattage de bois ne se fait plus parce que les grands arbres furent tous abattus et débités il y a longtemps pour en tirer du bois de construction. Par la suite, la plupart des pêcheurs changèrent de domicile, et emménagèrent le long des levées qui entouraient le Bassin, s'installant parmi les communautés situées à l'est et à l'ouest, à l'extérieur des grandes levées qui contiennent et délimitent le Bassin lui-même. Comme les eaux du Bassin sont encore productives, chaque jour des centaines de pêcheurs y pénètrent en bateaux à moteur hors-bord pour en repartir à la fin de la journée avec leurs prises d'écrevisses, de barbues et d'autres poissons à nageoires ou bien ramènent une prise de tortues ou de grenouilles bonnes à manger. Ces gens ont abandonné le Bassin proprement dit afin d'éviter les inondations régulières du printemps, mais surtout parce qu'ils se sont habitués aux commodités de la vie moderne à portée de main: les supermarchés, les écoles, l'emploi en ville, la télévision, les téléphones, les automobiles et les centres commerciaux. Ils ont ainsi troqué une richesse inouïe contre un gain illusoire et dérisoire que leur offraient les dieux de la modernité.

En gros, cette histoire ne s'occupe guère des gens ayant quitté les marécages. Elle retrace plutôt un mode de vie plus ancien –celui d'un peuple qui vécut lié intimement à l'eau et aux grands bois. Ces gens subsistèrent, au jour le jour, des poissons qu'ils purent attraper et des oiseaux et des animaux qu'ils chassèrent. Bien qu'ils aient vendu leurs prises aux compagnies de bateaux marchands contre de l'argent liquide, ils les échangèrent plus fréquemment contre des vivres essentiels: vêtements, essence, cartouches à plombs et outils. L'argent liquide n'était nécessaire qu'au cours des rares expéditions aux petites villes du bord du grand Bassin. Là, il était possible d'acheter des objets qui n'étaient pas facilement disponibles par les bateaux marchands.

Leurs demeures étaient simples et habilement construites, et dans leurs petits clos, on pouvait découvrir tout un assortiment d'animaux domestiques: une vache à lait, des poulets, des canards, des oies et même une famille de cochons.

Comme la plupart des gens du sud de la Louisiane, durant cette période de vie simple et courageuse, ils parlaient le français cadien et très peu d'anglais. Il est certain qu'ici et là dans le Bassin, il y avait des communautés où l'anglais prédominait comme langue. Après la guerre civile entre le Nord et le Sud des Etats-Unis, beaucoup de gens sans domicile fixe et sans travail emménagèrent dans le Sud de la Louisiane où ils trouvèrent facilement du travail dans l'industrie forestière et où le poisson et les animaux sauvages peuplaient encore abondamment la forêt. Ces gens venaient de plusieurs états dont le Mississippi, l'Alabama et le Tennessee, et s'avérèrent anglophones. Mais les individus dont la vie sert à tisser l'histoire que vous allez bientôt lire –Aristile Guilbeau et sa petite famille—sont cadiens et parlent, racontent des histoires, pensent et rêvent en français *cadien*.

Pour simplifier les choses, pour ceux d'entre vous qui n'avez jamais appris à lire ou à parler le français ou l'anglais cadien, la présente histoire est traduite en français standard, réduisant ainsi considérablement sa saveur (voyez-vous, c'est un peu comme une sauce piquante sans cayenne!) mais ce faisant, nous proposons de rendre le texte plus accessible au grand public. La vie nous présente toute une série d'échanges parfois, avec des compromis à chaque virage, il semble. Ce n'est que lorsque Aristile tente de parler en anglais que ses mots sont transcrits tels qu'il les prononce. Par exemple, «*not'ing lasses fuh evah*» avait-il coutume de dire, ce qui veut dire «rien ne dure.» Ainsi, même le français cadien a fait son temps.

Si vous voulez en savoir plus sur le français cadien –ses expressions idiomatiques et sa prononciation-, les mœurs du peuple cadien, ou bien découvrir le Bassin Atchafalaya, appelez-moi: moi aussi j'habite au bord extérieur du Bassin, et j'ai le téléphone.

Le royaume des géants morts

Un jour Grand-mère dit à Maman qu'elle préfère mon père depuis qu'il est mort. C'est une des choses qu'elle évoque pour se mettre de bonne humeur chaque jour. «Tu sais, Petite Fille» dit-elle à Maman, «J'aime bien le vieux Wilferd maintenant qu'il est mort. Mais, laisse-moi aussitôt te dire qu'il vaut mieux pour lui qu'il y reste, s'il sait s'arranger!» Maman ne dit rien. Elle me regarde, je suis assis devant la table de la salle à manger de Grand-mère et je mange de la tarte aux mûres. Je

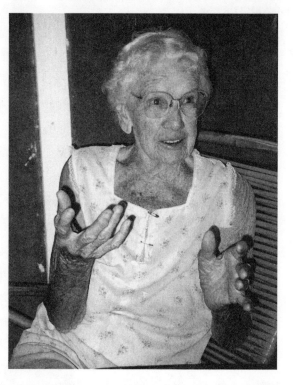

n'arrive pas à voir si elle est triste, gênée ou bien fâchée. Elle ne veut jamais me parler de mon père. Je peux la regarder droit dans les yeux et lui demander: «Maman, est-ce que mon père va revenir un jour?» Ou bien: «Pourquoi mon père ne m'a-t-il jamais emmené dans les bois comme Vieux Pop?» Ou encore: «Est-ce que mon père m'aimait?» Et elle répond tout simplement: «Mange ton gombo avant qu'il refroidisse, Ti Frère» ou «N'oublie pas de traire la vache avant que la nuit tombe» comme si je ne lui avais rien demandé du tout.

Les prénoms

A cette époque, presque tous les garçons cadiens avaient un surnom qu'ils gardaient en général toute la vie. Ti Frère avait un prénom officiel – Alexson, mais dans son entourage la plupart des gens l'appelait quand même Ti Frère, parce que c'était là la coutume. D'où vint le nom de Ti Frère? C'est simple, son père Wilferd était le dernier de six frères et cinq sœurs. Ses parents, ayant du mal à trouver un prénom de plus, ont donc remis l'appellation formelle de l'enfant jusqu'à ce que le garçon soit âgé d'à peu près deux ans. C'est à ce moment qu'ils ont choisi le prénom de *Wilferd*, ayant entendu le prénom Wil*fred* une ou deux fois à la radio. Mais, comme ils manquaient d'imagination, ils l'ont appelé «Brother» depuis sa naissance, ce qui veut dire frère en anglais. Wilferd n'était pas cadien et ne savait pas parler le cadien. Cependant, lorsqu'il eut un fils avec Octavie, le garçon fut quand même appelé Ti Frère, puisque la famille Guilbeau était, sans aucun doute, elle, *cadienne*.

Une nuit terriblement froide et pluvieuse, alors qu'Alexson n'avait que huit ans, Wilferd ne revint pas de sa tournée de braconnage dans le Bassin. Son corps ne fut jamais retrouvé.

Aristile fut appelé « Steel » quand il était jeune homme, ensuite *Pop* par ses enfants et éventuellement *Vieux Pop* par Ti Frère, son petit-fils, pour le distinguer du père de celui-ci qu'il appelait aussi *Pop*. Il n'y avait qu'Aristile et Octavie qui appelaient Wilferd par son prénom officiel —Wilferd. Les autres l'appelaient *Brother* ou plutôt *Brudda*.

Pour ce qui est de Ti Frère, il gardera le petit nom de Ti Frère tant qu'il restera de petite taille. Autrement, il se ferait peu à peu appeler tout simplement Frère. Mais en ce qui concerne cette histoire, Ti Frère restera Ti Frère et Vieux Pop, Vieux Pop.

À l'exception de Wilferd, cette famille grandit en parlant le français cadien. Ils n'apprirent et n'acceptèrent l'anglais qu'avec réticence, car pour eux, c'était la langue des étrangers, la langue des gros propriétaires venant des autres états —des pétroliers du Texas et de l'Oklahoma— et celle des voix à la radio. Aristile ne parla pratiquement aucun anglais avant d'atteindre la quarantaine. Il se sentit plus à l'aise toujours lorsqu'il s'exprimait en cadien et c'était un grand plaisir pour lui que de voir Ti Frère préférer aussi le français cadien. A l'école cependant, Alexson, ainsi que les autres enfants de son âge, était obligé, sous peine de punitions sévères, d'apprendre et de ne pratiquer que l'anglais. Mais loin de l'école, en général, il ne parlait que le français cadien.

La demeure d'Aristile, d'Octavie et d'Alexson consistait d'une structure à un seul niveau en cyprès naturel, entourée d'une clôture de pieux de cyprès fendus à la main. Une véranda s'étendait devant la maison le long de la façade, comme à l'arrière de la maison.

Le jardin spacieux contenait plusieurs bâtisses: un poulailler, trois abris pour chiens avec leur propre clôture, une étable modeste pour la vache et les cochons, une remise, et un appentis pour ranger les outils et garder le bois de chauffage au sec. Dans un enclos à part, il y avait aussi un grand jardin potager et un verger où se trouvaient, figuiers et un verger de citronniers. Enfin, il y avait un terrain cultivé où Aristile faisait pousser du maïs pour les bêtes, des patates douces, des melons et, bien, tout ce qui pouvait lui passer par la tête. Il y avait quelques rosiers. Tout poussait facilement dans la terre fertile du delta de l'Atchafalaya.

Enfin, on y trouvait aussi une cuve à goudron surplombée d'une structure en bois qui permettait à Aristile de plonger, de temps à autre, à l'aide de cordes et de poulies, ses carrelets dans le goudron chaud, les préservant ainsi de la pourriture par ce moyen. La maison elle-même était à moins de vingt pieds de la rive du Bayou Goujaune. Le bayou fut ainsi appelé à cause de l'abondance du goujon jaune qu'on y pêchait.

Les Guilbeau habitaient dans le Bassin Atchafalaya depuis plusieurs générations. Pratiquement, dès l'arrivée en Louisiane des Acadiens provenant de l'est du Canada durant les années 1760, la famille Guilbeau se fit remarquer pour sa passion de la Nature et des grands bois. Le père d'Aristile était connu d'ailleurs dans tout le Bassin comme l'un des meilleurs pêcheurs et chasseurs du coin. Il trépassa un jour d'un arrêt cardiaque lorsqu'il chargeait son bateau d'un carrelets lourd de poissons. Le pêcheur qui le trouva affirma que le vieil homme, âgé alors de quatre-vingts-dix ans, avait encore le sourire aux lèvres.

La femme d'Aristile et son fils de quatre ans étaient morts beaucoup plus tôt, quand l'habitation flottante où la famille demeurait ce printemps-là pendant la montée des eaux avait pris feu. Octavie, qui avait dix ans à l'époque, fut épargnée. Plus tôt dans la journée, elle avait prié son père de l'accompagner lorsqu'il s'en allait lever ses carrelets, et il avait accepté.

Wilferd

Wilferd était fier de son adresse au tir. Il raconta une fois l'histoire suivante: «Un jour, j'ai vu une paire de canards branchus qui passait directement au-dessus de moi. Il faisait presque nuit et j'avais mon vieux fusil à un coup. En général, je gardais toujours une cartouche à la main gauche contre la monture de devant, pour pouvoir recharger à toute vitesse. J'ai fait tomber le premier canard à mes pieds et, sans lâcher des yeux le second, j'ai rechargé le fusil et je l'ai descendu pendant qu'il s'envolait. C'était du rapide —deux canards branchus avec un fusil à un coup. Je vous le dis: pour ce qui est d'abattre les canards, moi je n'perds pas de temps.»

Ce que Wilferd ne racontait pas, c'est ce qui s'est passé lorsqu'il tira sur une famille de castors qui avait construit une hutte de branchages et de terre à une centaine de mètres du cabanon au bord du cyprière où Wilferd braconnait. Il voulut essayer sa nouvelle carabine de chasse au chevreuil. Wilferd en tua deux, puis il les abandonna à la putréfaction sans même enlever la peau pour la vendre. Il trouvait que cela ne rapporterait pas assez rapidement de l'argent comptant. Quelques semaines après, alors qu'il était parti en vadrouille, d'autres castors passèrent et rongèrent le plus grand arbre

qui poussait près du cabanon–un saule noir d'environ deux pieds et demi de diamètre! Ils firent écrouler l'arbre en plein sur sa petite cabane, la mettant en miettes.

Plus tard, chaque fois que Wilferd apercevait des castors, il se souvenait de l'incident et s'en servait comme prétexte pour les tuer. Tout de même, il ne reconstruisit jamais sa cabane de braconnage, et ce fut l'hiver suivant qu'il disparut.

Ti Frère était son fils, et Wilferd voulait que le garçon grandisse et se transforme en homme comme lui: doué pour la survie dans les bois et les marécages, capable de traquer et d'abattre des animaux sauvages à son gré, en ne se faisant jamais, *jamais* prendre par les garde-chasses. Wilferd s'offensait de toutes les lois qui s'appliquaient à lui ou à ses activités d'une manière quelconque. Lorsqu'il pouvait y parvenir sans danger, il volait les affaires des pêcheurs et des chasseurs, même celles de connaissances de longue date. Il prenait des filets et des pièges, des poissons, des fusils et des pagaies, tout ce qu'il pouvait ramasser et emporter.

Wilferd détestait les garde-chasses et les députés du shérif dont le travail était d'empêcher le vol et le braconnage. Il se vantait de son talent à contourner la loi et, lorsqu'il rencontrait un député ou un garde, il se plaignait bien fort qu'un voleur s'était emparé de sa pirogue ou de ses filets.

Il les apostrophait: «Rigolos! Vous n'êtes donc pas capables de les attraper, ces larrons? Vous recevez un gros chèque et on vous donne les bateaux les plus rapides, mais vous arrivez même pas à protéger les gens pauvres!» Ce n'était pas vrai qu'on lui avait volé quoique ce soit –ni que les policiers étaient bien rémunérés– mais Wilferd aimait quand même raconter ce genre de choses.

«J'vais t'dire que'que chose…» Wilferd commençait toujours. Puis il racontait plusieurs bêtises que l'on n'avait pas vraiment envie d'entendre et qui n'étaient d'ailleurs que des cancans ou bien, il se complaisait à débiter de grands projets fumeux.

Wilferd avait ses idées propres pour expliquer tout ce qui se passait et son analyse personnelle de chaque phénomène. A ses yeux, tout le monde essayait de l'empêcher d'avancer ou bien voulait se servir de lui d'une manière ou d'une autre.

Des années auparavant, lorsque Octavie fut prête à accepter la proposition en mariage de Wilferd, elle alla trouver Aristile afin d'obtenir son approbation. En réalité, elle avait déjà décidé d'épouser Wilferd donc, de demander l'avis de son père n'était qu'une formalité.

«Il n'est que lianes sans soco !» lui avait-il répondu. Aristile était franc et honnête avant tout. Il la regarda droit dans les yeux et répéta: « Il n'est que sarment sans fruit!»

«Mais Papa,» dit Octavie, «Wilferd est un homme intelligent, et il a toutes sortes de projets pour améliorer notre vie et pour gagner de l'argent. De beaux projets!» elle insista.

« Le tonnerre ne mouille pas la terre» répondit Vieux Pop, et il cessa d'offrir conseil à sa fille qui n'en faisait qu'à sa tête.

Pop n'aime pas Wilferd parce qu'il est différent des jeunes gens de par ici. Wilferd voit bien que la vie offre autre chose que simplement poser des carrelés et des pièges à écrevisses, espérant que la prise sera bonne et que les prix seront justes, suffisant pour gagner un peu d'argent, et travailler tout le temps, sans jamais vraiment s'en tirer. Les marchands ne seront jamais honnêtes envers les pêcheurs —tout le monde le sait, alors à quoi bon?

Grand' Maman n'aime pas Wilferd non plus, mais elle a ses raisons. De toute façon, elle est trop vieille pour comprendre ce qui se passe. D'ailleurs, elle a une rancune contre toute la famille Shellgrave. Enfin, je ne veux pas vivre ici toute ma vie. Je me sens trop seule depuis la mort de Maman. Nous sommes loin de tout –il n'y a ni amis, ni danses, rien du tout par ici. La messe du dimanche dans la grande église catholique dans la ville, une excursion de temps à autre pour voir un film ou des repas de fêtes chez Grand' Maman – ce n'est pas assez.

Pop aurait été heureux si je m'étais mariée avec Valsin, mais il s'est noyé dans la rivière lorsqu'il a voulu sauver ces enfants quand le bateau marchand a sombré. Après cela, aucun homme n'a voulu me regarder par égard pour Val. Ce n'est pas une vie!

Une rencontre

Un jour d'avril, Wilferd venait juste de sortir du marécage, sa pirogue était lourdement chargée de jeunes hérons de nuit qu'il avait tués avant même qu'ils ne quittent leurs nids. Les personnes qui lui achetaient du gibier aimaient en particulier ces jeunes oiseaux à la chair tendre et délicate et lui offraient un prix élevé afin qu'il leur en obtienne.

Aristile entrait justement dans la cyprière ce jour-là pour poser des appâts dans ses pièges à écrevisses. Il s'arrêta pour examiner la pirogue chargée d'oiseaux morts. Ce n'était pas dans ses habitudes de critiquer les façons des autres, mais ce qu'il voyait là le dégoûtait. Par force, il devait toujours s'adresser à Wilferd en anglais.

«Tu les as tous tués, ces gros becs, pas vrai Wilferd? Mais, pourquoi tu fais donc ça? Tu sais que t'as pas le droit de tuer ces jeunes hérons sans défense. Pourquoi tu ne travailles pas comme un homme? Si tu n'aimes pas pêcher pour gagner ta vie, alors va te prendre un boulot sérieux dans la ville ou avec une de ces compagnies de pétrole.»

«Sors de mon chemin, Aristile!» lui lança Wilferd en criant. Il appelait toujours Vieux Pop par son nom de baptême. «Je ne veux pas de tes conseils!» Et, il cogna la pirogue de son beau-père avec la sienne.

Vieux Pop ne se fâchait presque jamais, mais ce jour-là, le sang lui montait au visage. «Si tu n'arrêtes pas de faire ce genre de chose, je vais devoir le signaler au garde-chasse. Je vois pas comment te faire cesser autrement. »

«Tu me dénonces, et je pars d'ici avec ta fille et ton petit-fils, le jour même» répliqua Wilferd en montrant ses dents «—tu ne les reverras plus jamais, *nevah !* Ça, je te le promets!» Il parlait en imitant le parler cadien d'Aristile afin de se moquer de son beau-père, puis il est parti.

Zut! Je peux gagner plus d'argent en une matinée que ce vieux en fait en une semaine de travail dur à amorcer ses pièges et à en récolter leur prise. Et il croit pouvoir me dire ce que je devrais faire! Sans que je le sache, il fera en sorte que mon gamin pense pareil que lui: «Viens voir, Ti Frère; laisse-moi te montrer comment rapiécer une pirogue... Viens avec moi faire une promenade, Ti Frère; je veux t'expliquer des affaires...» Je m'en fiche pas mal!! D'après moi, il est comme cette vieille voiture qui pourrit dans le marécage, celle qui est sur l'affiche que nous lui avons rapportée de la Nouvelle-Orléans, moi et Octavie. Il la garde sur le mur comme si c'était une relique ou quoi. Un beau jour, je vais m'en servir pour commencer un feu dans la cuisinière –on verra alors ce qu'il en pense!

Aristile continua son chemin en pagayant, sans se retourner pour observer Wilferd et sa cargaison d'oiseaux morts. Ses pensées retournèrent doucement à son petit-fils. Aristile aimait Alexson plus que toute chose au monde ou que toute personne. Il apprenait au garçon tout ce qu'il savait et ce qu'il ressentait de la vie dans les grands bois et dans les cyprières. Il ne pensait pas que Ti Frère était au courant des méfaits de son père, mais il soupçonnait que Wilferd ne tarderait pas à l'entraîner dans ses pratiques malhonnêtes. En plus, Vieux Pop n'était pas convaincu que l'enseignement qu'il avait si soigneusement communiqué au garçon pouvait résister à la lourde pression exercée par Wilferd sur le jeune garçon.

C'était sans chagrin profond ou sincère que l'on accueillit la nouvelle de la disparition de Wilferd au janvier suivant. Même Aristile –la personne la plus aimable et la plus généreuse des bayous, s'avoua qu'il ressentait plus de soulagement que de douleur. Bien sûr, cela le rendait triste de voir Ti Frère et Octavie chagrinés à ce point, mais c'était sûr qu'ils allaient tous bénéficier d'une vie meilleure et plus stable maintenant que Wilferd avait disparu.

Il n'y eût pas d'enterrement puisque les efforts pour récupérer le corps de Wilferd s'avérèrent futiles et furent abandonnés une fois que les fonds de bayous et de la rivière furent dragués plusieurs jours de suite et les marécages fouillés. Mais la famille observa une période de plusieurs semaines de deuil formel comme il était coutume de le faire à cette époque. Cependant, au fond d'Aristile, il restait un sentiment de malaise –il avait l'impression que Wilferd n'était pas mort du tout, mais qu'il se cachait pour des raisons connues de lui seul.

Cet homme est trop intelligent et trop méchant pour se laisser prendre par le marécage ou par la rivière —ni même par un ours ou une panthère. Il est triste de le dire, même si ce n'est qu'à moi-même, mais j'espère que j'ai tort de penser qu'il se cache quelque part. J'espère que je ne le reverrai plus jamais —mort ou vivant.

La philosophie de Vieux Pop

Aristile avait construit sa propre pirogue. Elle était de facture impeccable, n'ayant ni échardes ni planches pourries. Même l'ouvrage des endroits invisibles à l'œil nu était complètement intact. Parfois, Ti Frère avait l'impression que Vieux Pop puisait sa raison de vivre à bien faire les choses et que c'était là qu'il trouvait tout son bien-être.

«Ecoute» aimait-il dire au garçon, «si tu construis une étagère pour la cuisine et que tu laisses un endroit rugueux sur la surface du bois ou une partie pourrie ou fêlée, ce n'est pas honnête, même si l'endroit se trouve contre le mur ou bien sous l'étagère et que tu le recouvres d'une baguette de finissage et que tu peins le tout. Bien que tu mettes l'étagère dans l'armoire ou dans le placard où il n'y a point de lumière, c'est pas bon. Chaque fois que tu vas chercher quelque chose, tu vas te souvenir de l'endroit pourri et tu vas avoir honte.»

Personne ne pouvait accuser Vieux Pop d'être orgueilleux ou vaniteux, car l'humilité authentique était l'essence de son être —comme la beauté sombre et mystérieuse reflète l'âme des grands marécages. Il ne regretta jamais d'être né Cadien, et il se montrait toujours reconnaissant envers les puissances inconnues qui l'avaient placé dans le Bassin Atchafalaya à sa naissance. Il appréciait distinctement chaque bayou et chaque cyprière, tous les arbres et toutes les souches, chacun des animaux et des poissons, y compris ceux qu'il chassait et qu'il devait tuer pour donner à manger à sa famille.

C'était Vieux Pop qui avait enseigné à Ti Frère comment pêcher et comment chasser tout en se laissant guider par *l'humilité* plutôt que par l'orgueil. Il lui disait:

«Ti Frère, le temps va venir où tu vas devenir meilleur chasseur que moi et, quand tu vas abattre un chevreuil magnifique afin qu'on mange, tu auras une émotion comme jamais pareil. Le sang va te monter au visage, et tu auras le cœur en fête, comme s'il voulait sortir de ta poitrine! Ceci est bien et comme il faut. Mais, n'oublie pas que tu dois respecter l'animal à qui tu enlèves la vie. C'est normal que la chasse t'amuse et t'excite, mais il ne faut pas tuer uniquement pour le sport. N'abats jamais plus que ce qu'on peut manger, et ne perds jamais de vue la possibilité que, partout, il y a des esprits: dans les bois et les eaux, dans l'air, dans les oiseaux et les animaux, et dans les arbres eux-mêmes, comme au fond de chacun de nous. Si une seule vie est sacrée, alors toute vie est sacrée: seul l'amour de la vie compte. Il ne faut pas ignorer ou oublier ça.»

Vieux Pop se rendit compte qu'il prêchait —et c'était une chose qu'il ne faisait pratiquement jamais. Il savait que Ti Frère ne comprendrait pas tout à la fois, mais il voyait bien que le garçon était plus que disposé à l'écouter. Aristile estimait que ses paroles seraient gardées en mémoire et qu'au fil des années, lorsque son expérience s'étendrait, Alexson commencerait à mesurer peu à peu leur poids...

La pêche

Vers l'âge de neuf ou dix ans, pratiquement tous les petits garçons cadiens avaient déjà été initiés, à petite échelle, à la pêche commerciale—apprenant à un jeune âge les techniques nécessaires pour survivre et pour faire subvenir aux besoins de toute leur famille lorsqu'ils seraient adultes— s'ils se décidaient à continuer à vivre dans le Bassin ou tout près de ses rives.

Ti Frère possédait ses méthodes préférées de pêche. L'une d'entre elles consistait à faire flotter des lignes à poissons armés. Il prenait le filet de taille d'homme que sa mère lui avait fabriqué à la main et s'en servait pour attraper des poissons d'appât. Il ramassait dix ou douze branches de saule sèches ou bien il prenait des pieux dont l'écorce avait été rongée par les castors ou par les rats d'eau.

A chacun, il attachait une corde épaisse de trois à quatre pieds de longueur. A la corde, il fixait une empile en acier faite de cordes de piano usées, car les dents du poisson armé tranchaient sans difficulté n'importe quelle corde ou ficelle. Ensuite, il mettait un large hameçon au bout du fil de métal et il l'amorçait avec un ou plusieurs des petits poissons qu'il avait pris dans son épervier. Il pagayait jusqu'au milieu de la rivière et jetait ses lignes à l'eau tout autour de la pirogue, puis il se laissait bercer par le courant. Il espérait qu'un grand poisson armé dévorerait un des ses appâts, et ferait submerger le flotteur en bois.

Je sais pourquoi Vieux Pop m'a fait une pirogue si grande. Il m'a dit que c'était parce qu'un bateau de quatorze pieds peut charrier plus de poissons et que je commence à être bon pêcheur. Mais je crois plutôt qu'il se soucie que je sois tout seul sur cette profonde rivière. Les pirogues plus légères

se retournent trop facilement. Celle-ci est bâtie entièrement de vieux cyprès rouge –elle est faite d'un de ces grands arbres comme ceux dont je vois partout les souches à l'intérieur du marécage lorsque je pose mes lignes à barbue et mes pièges à tortues. «Dat ol' oily cypress won' nevah rot, no. You can paddle you to mah funeral in dat same pirogue, Ti Frère. Hit's de bess wood dey got. –Ce vieux cyprès ne pourrit jamais, non. Tu peux te pagayer à mon enterrement dans cette même pirogue, Ti Frère. C'est le meilleur bois qu'il y'a.» … Pourquoi est-ce que les êtres humains vieillissent et meurent? Si Dieu peut tout faire, pourquoi ne laisse-t-il pas les gens atteindre tout simplement un certain âge et en rester là? Je veux pas que Vieux Pop meure —jamais.

Pendant qu'il descendait la rivière en flottant au gré du courant, Ti Frère passait son temps à rêvasser, il lisait un de ses livres préférés ou bien pratiquait-il son anglais en se parlant en cette langue bizarre. Toutes les deux ou trois minutes, il comptait ses piquets flottants. S'il en manquait un ou deux, Ti Frère savait qu'il avait attrapé un poisson armé ou même un poisson-chat. Quel que soit le poisson, il serait grand car, là où il était, la rivière avait plus de cent cinquante pieds de profondeur, les poissons plus petits restaient en général près des rives ou dans les cyprières. Du moins, c'était ainsi qu'il pensait et il avait pris de très beaux poissons…

Un poisson armé ne peut respirer longtemps sous l'eau et doit remonter à la surface fréquemment pour prendre de l'air. Même le poisson-chat —qui respire quand il est submergé, ressent le tiraillement vers le haut du léger piquet en bois. C'était lorsque le poisson, pris par l'hameçon, remontait à la surface que Ti Frère repérait le piquet flottant et le poursuivait pour retirer sa prise. Lorsqu'il voyait un de ses piquets pénétrer la surface de l'eau, le garçon s'excitait. Ceci s'accompagnait d'un jeu d'imagination tandis qu'il essayait de deviner à l'avance quelle espèce de poisson il avait bien pu prendre.

Une fois, Aristile avait attrapé un poisson armé de deux cents soixante livres et l'avait vendu à l'unique poissonnier de la ville pour vingt-trois dollars. Ti Frère, par contre, avait assez de difficultés à manipuler un poisson de vingt à trente livres sur la grande rivière sans se faire renverser lorsqu'il le hissait dans sa pirogue. Cependant, il rêvait d'attraper un vrai «monstre» semblable au poisson qu'avait pris Vieux Pop. Quel que soit le poisson qu'il attrapait, Vieux Pop le vendait dans la ville et Ti Frère pouvait acheter des chaussures ou des livres, des hameçons supplémentaires, du fil de pêche ou bien suffisamment de cordes pour que sa mère puisse lui fabriquer un carrelé à sa taille.

L'arbre à pique-bois

Selon la saison ou la profondeur de l'eau, Ti Frère aimait à explorer les marécages à pied ou en pirogue. Il aimait par-dessus tout fréquenter les lieux secrets où personne –se disait-il, même Aristile ne soit venu. Il se cachait au cœur d'un des grands cyprès creux, mort depuis longtemps, mais dont le bois était resté dur et solide. C'était l'un des arbres préférés des grands pique-bois à chapeau qui habitaient le marécage. Et là, il attendait…

Quand l'oiseau se mettait à frapper violemment de son bec puissant la partie élevée du vieil arbre, Ti Frère appuyait le front contre le tronc pour ressentir les vibrations qui traversaient le bois dense et atteignaient les fibres mêmes de son propre corps. Quelque fois, il plaçait une main et un genou contre le fût de l'arbre. S'il s'avérait que le pique-bois était costaud et l'arbre grand, même si ce n'était que la carcasse creuse de l'arbre, il pouvait percevoir les vibrations venant de la terre sous ses pieds, et dans l'air même qui l'entourait.

C'était à ces moments-là, quand il était seul avec l'arbre à pique-bois, que Ti Frère se sentait intimement lié à une chose à la fois mystique et mystérieuse. Il ressentait une chaleur inexplicable qui s'y dégageait. Il y pressentait l'existence d'un sens profond, bien au-delà de sa compréhension.

Il emportait toute la journée ce sentiment intense, et parfois la nuit, il se réveillait au bruit d'un martèlement dans l'air. Ainsi, reconnaissait-il la sensation évoquée en lui comme celle de «l'arbre à pique-bois». Cela lui donnait toujours chaud au cœur, et il se rendormait le sourire aux lèvres. Bien des années plus tard et à des centaines de kilomètres du marécage, il se réveillerait au son de ce même tambourinage, pensant sur-le-champ qu'il se reposait à nouveau dans le petit lit de la cabane de Vieux Pop sur le Bayou Goujaune…

La ville

Il y avait des gens peu communs qui vivaient dans le Bassin Atchafalaya durant les années 1940 et parmi eux, Aristile Guilbeau se distinguait. Il était veuf et cultivait plusieurs variétés de roses. Ainsi faisait-il honneur au souvenir de sa femme qui avait aimé les roses et lui avait appris à les apprécier aussi. Il les offrait toujours aux autres. Aristile était fort et sain comme homme: honnête, sensible et compréhensif. Il était en même temps généreux, doux et perspicace –et aussi cadien que le jambalaya à l'écureuil et l'alligator à la sauce piquante. Il parlait deux langues –le français et l'anglais, bien que la forme normative de l'une ou de l'autre ne lui soit pas aussi familière que les profondeurs des grands marécages qui entouraient sa petite maison en bois de cyprès au bord du bayou.

Aristile était né dans le Bassin, et bien qu'il eut fait le voyage à la Nouvelle-Orléans une seule fois, il ne quittait presque jamais les marécages et les bayous. Mais, les samedis soirs, il emmenait Ti Frère et Octavie au cinéma dans la petite ville juste au-delà de la rive ouest du Bassin. Plutôt que d'aller au cinéma, Octavie préférait parfois rendre visite à ses amies qui habitaient au village. La petite famille faisait alors le voyage de quatre miles dans le bateau de pêche à moteur de Vieux Pop. Si l'on passait un film de Tarzan avec Johnny Weismuller, Aristile allait lui-même le voir au vieux cinéma dans la grande rue, car il admirait Johnny Weismuller pour ses grandes prouesses en nage et en plonge. Sinon, il rendait visite à sa mère Eulalie, écoutant les exploits de son frère Galveston Guilbeau qui, selon elle, allait bientôt conquérir toute —ou presque— l'Amérique du Sud. C'était l'opinion de Ti Frère que son Grand-oncle Galveston menait une vie certainement plus passionnante que n'importe quelle personne parmi ses connaissances.

«Quels pays est-ce qu'il envahit en ce moment?» demandai-je à *Grand-Maman.*

«Pays? Il y a des pays là-bas, Alec?» Au moins sait-elle que son fils *est quelque part au sud du Golfe du Mexique.*

«Mais oui, Grand-Maman! Il y a un tas de pays en Amérique du sud, comme en Amérique centrale.» J'étudiais la géographie de l'Amérique latine à l'école et voulais faire bonne impression.

«Il y a l'Argentine, le Brésil, la Bolivie, le Pérou et d'autres. Et en Amérique centrale il y a le Guatemala et le Honduras, le Costa Rica et le Salvador.» Je ne me souvenais pas des autres.

Pour Grand-Mère, l'Amérique centrale et l'Amérique du Sud étaient à peu près la même chose –«les tropiques.» Elle n'en témoignerait aucun intérêt si ce n'était que mon Grand-oncle Galveston y était quelque part, et qu'il était fort d'attaque. Vieux Pop disait que lorsque l'Oncle Gal reviendrait, ce serait sûrement dans une boîte en bois.

Grand-Maman avait lu une fois, dans Reader's Digest probablement, que tous les jours l'on devait faire un effort particulier pour être heureux. L'idée lui était restée. «Tu t'es souvenu d'être heureux aujourd'hui, Alec?» me demandait-elle. Cela me rendait toujours triste.

Le seul western qu'Aristile consentait à voir était un film de Lash LaRue. Non seulement était-il de Louisiane, mais son adresse avec la chambrière était aussi étonnante qu'elle était authentique. N'importe quel idiot était capable de monter à cheval et de rosser les mauvais dans un film, mais Lash LaRue pouvait faire des choses avec sa longue chambrière que personne n'arrivait à faire ni à l'écran ni dans la vie réelle.

In Person...
Tonight!

Un samedi soir, Lash LaRue était venu à la petite ville en personne et avait démontré son talent sur scène. Aristile y avait lui-même participé quelque peu. Il était assis au premier rang et avait acheté une bouteille de coca pour Ti Frère. Au moment où Aristile allait l'ouvrir en poussant le rebord de la capsule des deux pouces vers le haut, Lash l'interpella:

«Monsieur, permettez-moi de vous ouvrir cette bouteille.»

Sans embarras, Aristile s'avança alors vers la scène dans l'intention de remettre la bouteille à Lash LaRue qui se tenait tranquillement à sa gauche, habillé de pied en cap du costume noir de cowboy qu'il avait l'habitude de porter. Tandis que Aristile se mit à traverser la large scène venant de la droite, Lash LaRue lui signala d'arrêter.

«Tenez la bouteille devant vous!» lui ordonna-t-il, et Aristile de s'exécuter. Avec un mouvement tellement rapide que beaucoup de spectateurs ne le virent venir, le cowboy en noir fit sauter la capsule avec sa chambrière, l'attrapant au vol en plein air au moment où elle se dirigeait vers lui. Aristile s'approcha et lui serra la main.

«Bien fait» lui dit-il «*Well done.*» Puis, il retourna s'asseoir près de Ti Frère qui bondissait de surexcitation, ne contenant plus sa joie.

Ensuite, Lash LaRue plaça devant lui à une vingtaine de pieds une belle jeune assistante de profil, une cigarette allumée à la bouche. D'abord, il enleva la cendre d'un petit coup sec, se mettant en position lentement et soigneusement —comme s'il n'était pas sûr de pouvoir le faire sans incident, prenant son temps afin de ne pas blesser la femme au visage. Le public entier croyait le tour joué et se mit à applaudir. Mais, la jeune femme ne sourit ni ne s'inclina, gardant l'immobilité d'un grand héron bleu attendant qu'un vairon fasse surface dans l'eau qu'il survole tranquillement. Puis, rapide et inattendu comme l'éclair, maniant la chambrière à nouveau, Lash LaRue frappa à plusieurs reprises. La longue chambrière noire se transforma en tache sombre, claquant avec éloquence, et avec chaque coup, elle découpa la cigarette en petits segments, jusqu'à ce qu'il ne reste plus qu'un bout minuscule qui ne dépassait que d'un demi-centimètre les lèvres de la femme. Autour d'elle, la scène était jonchée de fragments de quelques millimètres de longueur provenant de la cigarette.

Lash s'inclina et regarda Aristile qui lui sourit en faisant signe de tête, puis il secoua la tête d'incrédulité. Les spectateurs furent tellement foudroyés par l'éclat et la vélocité de la prouesse de Monsieur LaRue que les applaudissements furent retardés de quelques secondes. Après le spectacle, le film commença et Aristile pensa inviter le grand Lash Larue chez lui et partager ensemble un repas, car il admirait son talent et se demandait si son caractère était de la même trempe. Mais quand il s'enquit du cowboy en noir, on l'informa que Lash LaRue était déjà parti pour la petite ville suivante où il devait donner à nouveau un spectacle plus tard le même soir.

Ti Frère ne se doutait pas qu'à sa façon, jadis, son grand-père avait été tout aussi doué et épatant lorsqu'il maniait ses propres outils que Lash LaRue l'était à la chambrière. Cela faisait partie du secret ténébreux d'Aristile –et s'il y avait une goutte d'inquiétude au fond du vieil homme intrépide, c'était que Ti Frère ne découvre son secret avant qu'il ne trouve la force en lui-même de le lui révéler.

Une fois le film terminé, Aristile et Alexson parcoururent les cents mètres jusqu'à la maison de Grand-Maman. Il avait été prévu qu'ils retrouvent Octavie et prennent ensemble une tasse de café et un morceau de tarte avant d'entamer le voyage du retour sur le bayou sombre qui coulait près de la petite ville.

Grand-Maman habite seule dans une petite maison en ville. Elle doit avoir 150 ans. On passe chez elle chaque fois qu'on va au cinéma ou à la messe le dimanche. Parfois, elle vient nous voir à Pâques et à Noël, ou sinon on va chez elle pour célébrer les fêtes ou les anniversaires.

Elle n'a jamais tellement aimé les marécages. Elle les trouve trop humides et puants: pleins d'alligators, de serpents et d'animaux à pelage cachés sous les souches. Elle a ses amies et ensemble, elles s'occupent à jouer aux cartes chez l'une ou chez l'autre à tour de rôle. Elle s'appelle Eulalie, mais à l'entendre appelée ainsi par son prénom m'a vraiment surpris un jour. Pour moi, elle avait toujours été Grand-Maman. J'ai répété son prénom jusqu'à ce qu'il me paraisse bête et insolite: Eulalie, Eulalie, Eulalie. Les sons sont passionnants, n'est-ce pas? On peut les répéter et les transformer comme on veut –ou bien en faire un jeu mental. Et cela en faisant autre chose, comme par exemple se promener dans les bois, pêcher ou bien peindre sa pirogue.

Un jeu de cartes

A l'âge de douze ans, Ti Frère avait déjà entendu des centaines d'histoires décrivant la beauté et l'état sauvage des marécages de cyprès d'antan. Il avait entendu dire qu'il y avait partout des chevreuils, des canards et des ours noirs –des panthères, des chats sauvages et d'énormes poissons, comme aussi des tortues *grosses têtes ,* des serpents et des alligators. Des cyprès géants s'élevaient à perte de vue dans tous les sens, s'étendant même au-delà de ce qu'un homme fort ne pouvait atteindre en pagayant une semaine entière. A cette époque de sa vie, l'idée de la forêt sombre le fascinait avant tout. Souvent, le garçon restait assis sur le coffre qui servait à ranger le bois de chauffage et qui était placé dans un coin de la cabane. Il écoutait attentivement Vieux Pop avec ses amis parler des vieux jours en dégustant le repas du soir. Celui-ci consistait en un court-bouillon ou du poisson-chat frit. Après avoir terminé le repas, ils jouaient à la bourré, sur la table de la cuisine —leur jeu

de cartes préféré. Pendant les longues veillées d'hiver, souvent ils aimaient aussi faire de la musique .

LorsqueTi Frère fermait les yeux pendant que les autres parlaient, il voyait surgir devant lui la forêt d'arbres immenses; ils étaient verticaux, remplis d'oiseaux, d'écureuils et de *chaouis* (le mot cadien pour raton laveur) perchés sur leurs branches; des chevreuils se dandinaient dans l'eau peu profonde au pied des arbres et des panthères noires se faufilaient silencieusement dans la pénombre. Les poissons nageaient avec paresse dans l'eau claire du marécage tandis que bandes après bandes de canards et d'oies traversaient le ciel l'une après l'autre, s'interpellant au cours de leur trajet migratoire ou cherchant un endroit où se poser et trouver à se nourrir.

Dans la petite pièce bien chaude, avec son air parfumé par la fumée de bois qui venait du vieux poêle en fonte et par l'arôme de café frais que son grand-père et les autres buvaient toujours par petites tasses, Ti Frère trouvait vite le sommeil sur le coffre à bois. Il se réveillait à moitié chaque fois qu'il entendait rire ou lorsque quelqu'un jetait triomphalement une carte sur la table et faisait tressauter les tasses et les piles de sous devant chaque homme. La pièce retrouvait vite sa tranquillité, et Ti Frère se trouvait replongé dans ses rêves —rêves peuplés d'alligators, de hiboux, de canards sauvages et d'ours noirs avec, en arrière plan, la sombre forêt des arbres légendaires et incroyablement immenses dont il avait tant entendu parler.

Enfin, le jeu de cartes arrivé à sa fin, les hommes se fondaient dans la nuit. Vieux Pop prenait doucement Ti Frère dans les bras et le mettait au lit. Octavie dormait depuis longtemps. Elle se plaignait toujours que son fils veille si tard, mais elle ne le privait jamais de ses nuits sur le vieux coffre à bois.

Un soir d'automne, Aristile et trois de ses anciens camarades –Crapeau Ardoin, Clairmille Trosclair et Placide Laviolette— jouaient à la bourré alors que Ti Frère observait les hommes en les écoutant. Il était installé sur le coffre à bois au coin de la pièce comme il avait coutume de l'être. Crapeau Ardoin jeta un as et ramassa la levée gagnante: «Je t'ai eu c'te fois Steel, vieux sauteur de tremplin va! » Aristile lança un regard rapide à son petit-fils en se demandant s'il avait entendu la remarque. Ti Frère regardait Crapeau.

«A toi de distribuer les cartes, Steel» dit Clairmille. «Tu ferais mieux de te concentrer sur le jeu maintenant, mon vieux, sinon on va bientôt te prendre tout l'argent des barbues que t'as pêchées.» Il frappa le paquet de cartes écorné et bien usé, posé sur la table près de la petite pile de monnaie d'Aristile. «Donne-moi c't'autre paquet de cartes, Violet» dit-il à Placide. «Allez! Vous voulez jouer à la bourré ou quoi?»

«Ti Frère, mets donc la cafetière sur le poêle et vérifie le bois du feu» lui dit son grand-père. La voix d'Aristile était gênée. Avant de battre les cartes, il lança un regard à son ami en fronçant les sourcils. A son tour, Crapeau loucha comme pour lui dire: «Navré mon vieux, mais tu vas bien devoir lui dire un de ces jours! »

Vieux Pop acquiesça de la tête comme pour dire qu'il se doutait de ce que son vieil ami pensait, mais l'excusait de sa remarque indiscrète tout en cédant à sa logique. L'inclination de tête silencieuse était à la fois l'acquiescement de la demande muette de pardon et celui du conseil donné — tout aussi silencieux. Il devait sans doute un jour dire à Ti Frère qu'il avait été, avec ses camarades, responsable d'avoir tronçonné des milliers de ces arbres augustes. Effectivement, des centaines d'acres de croissance de forêt avaient été nivelées par les mêmes paires de mains qui tenaient aujourd'hui, autour de la petite table en cyprès de la maison de Vieux Pop sur le Bayou Goujaune, le jeu de cartes.

Ti Bird

Malgré sa jeunesse, Ti Frère voyageait fréquemment à une distance de plusieurs miles de chez lui en pirogue, accompagné seulement de son chien Mocassin et de son faucon aux épaules rousses, Ti Bird. Il avait trouvé le faucon, quand il était jeune, il y avait presque un an. Quelqu'un ou quelque chose –un grand vent peut-être– avait renversé le nid des branches d'un cyprès, et il était tombé à l'eau. Lorsque Ti Frère était arrivé, il avait aperçu un petit fauconneau qui luttait pour maintenir son équilibre sur un bout de bois de flottage afin d'éviter la noyade. Il était trempé, transis, tout juste s'il n'était pas mort de faim.

Ti Frère savait qu'en général les faucons couvaient trois œufs, mais il n'arriva pas à retrouver les autres fauconneaux. Alors, il s'approcha de celui qu'il avait trouvé. Il découpa des petits morceaux de poisson et d'écrevisse de sa prise matinale, et lui en offrit un. Dans un premier temps, le fauconneau avait trop peur ou bien, il était trop faible pour manger. Il tenait simplement le morceau de poisson dans son bec en fixant Ti Frère et Mocassin. De sa courte vie, l'oisillon n'avait jamais été si près ni d'un être humain ni d'un chien. Il happa enfin le bout de poisson et l'engloutit. Presque immédiatement, le petit oiseau sembla gagner en force et en intérêt pour la nourriture, si bien que Ti Frère lui en offrit bout après bout. Le fauconneau les avala avidement jusqu'à ce que Ti Frère décide qu'il en avait mangé suffisamment.

«Comment est-ce que tu vas l'appeler?» Octavie lui demanda, lorsque Ti Frère fit entrer le fauconneau dans la maison. Elle déplaça la jeune chose à plumes de la table à manger à la fenêtre, afin de pouvoir y poser les assiettes à souper. Elle avait elle-même un petit alligator comme animal domestique à cette période.

«Et si je l'appelais Ti Bird?» suggéra Ti Frère, voulant pratiquer son anglais. Il y a un an, il aurait dit 'Tit Zoiseau...

Durant les courtes semaines avant qu'il n'apprenne à voler, Ti Bird aimait se faire promener, accroché à l'épaule de Ti Frère. Son jeu préféré était de disposer l'épaisse chevelure de Ti Frère en nid, et de s'y asseoir pour surveiller son entourage. Quand le garçon se penchait ou se déplaçait en vitesse, Ti Bird rentrait ses serres dans le cuir chevelu du jeune garçon pour ne pas tomber, et Mocassin aboyait jalousement.

Lorsque Grand-Mamam apprend que nous avons un faucon ainsi qu'un alligator à la maison, c'est tout juste si elle ne pique pas une crise. «Ma Petite Fille» fait-elle à Maman, «tu ne sais pas que ce que tu fais-là n'est pas propre? Qu'est-ce que vous voulez faire là-bas, vivre comme des sauvages?» C'est ainsi qu'elle désignait les Amérindiens. Peut-être qu'elle a raison. Nous avons eu, une fois, un jeune hibou dans la maison, qui avait pour ami préféré un de nos chatons à trois couleurs.

Je vais chez Grand-Maman après l'école quelquefois. Assis dans son salon, je peux voir le débarcadère où ils attachent le bateau qui me transporte avec les autres écoliers chez nous qui habitons le long des bayous où il n'y a pas de routes. Elle a toujours de la tarte faite maison et du lait frais, et je peux continuer à manger jusqu'à ce qu'ils démarrent le moteur et qu'ils commencent

à détacher le bateau. Alors, je bondis de la table, j'embrasse Grand-Maman sur la joue et je cours à toute vitesse.

«Ne fais pas claquer le moustiquaire!» Crie-t-elle, précisément au moment où je la fais claquer.

Grand-Maman me reproche toujours quelque chose: «Tu te souviens de ce que je t'ai dit, n'est-ce pas, Alec?» Elle me demande de temps en temps. Je m'attends à la suite, alors je feins une confusion totale.

«A propos de quoi, Grand-Maman?»

«Mais, tu m'écoutais pas, hein!» dit-elle.

«Quand? Mais, qu'est-ce que tu veux dire?» je lui demande.

«Si t'avais écouté, tu t'en souviendrais. Tu crois déjà tout savoir, toi. And, you nevah' listen to me... Tu m'écoutes jamais» répète-t-elle en français. «Reprends de la tarte, cher.»

«Est-ce que je peux avoir un verre de lait, Grand-Maman?» Elle ne me dit jamais ce dont je devais me souvenir.

Des graines et des lianes

«Les idées sont comme des graines qui poussent et se transforment en lianes» dit Vieux Pop un jour à Ti Frère alors qu'ensemble ils donnaient à manger à la vache et aux poules. «Semées par les adultes, elles poussent vers le haut, comme toi. Certaines sont bonnes, d'autres font du mal et sont destructrices. Mais ce n'est pas toujours facile de les distinguer. Ce sont les idées que les adultes veulent inculquer aux enfants. Les idées sont comme des lianes qui grimpent aux arbres de la forêt. Elles montent vers le haut pendant que l'arbre grandit. En se tendant vers la lumière, elles rivalisent avec l'arbre qui lui aussi a besoin de lumière. Dans la terre où poussent les racines, elles rivalisent avec lui pour l'eau et la nourriture. Il est possible qu'elles obscurcissent la lumière et détournent l'alimentation nécessaire à la croissance salutaire de

l'arbre. Eventuellement, elles peuvent détruire l'arbre qui les porte. Mais la liane, elle, ne peut survivre sans le support de l'arbre. De la même manière, l'idée ne peut exister sans que l'homme la nourrisse. Si c'est une bonne idée et si elle ne devient pas une obsession, c'est bien. Si ce n'est pas une bonne idée, s'il s'agit d'un préjugé, d'une intolérance ou d'un mensonge, elle peut détruire celui qui la nourrit ainsi que les personnes de son entourage! Si tu tiens à un arbre vraiment ici dans le jardin ou bien dans les bois, tu peux lui enlever les lianes, et même les arracher par les racines afin de laisser l'arbre grandir en toute liberté. Mais pour ce qui est des lianes qui poussent sur toi, c'est autre chose. Ce n'est pas toujours si évident de les arracher avec toutes leurs racines.»

Pendant que son grand-père parlait, Alexson se voyait complètement couvert de lianes, incapable de bouger ou même d'en échapper.

«Quand tu seras grand, tu vas voir des lianes sur tes amis, et parfois tu vas pas savoir comment les approcher. Les gens n'ont pas tous le même respect pour les grands bois que toi tu ressens dans le cœur, Ti Frère, ni pour les oiseaux et les animaux non plus. Quelques-uns de tes propres amis vont te décevoir par leur méchanceté. Et c'est là une de leurs lianes.»

Aristile était allé à la Nouvelle Orléans une fois en 1925. Là, il avait rencontré un écrivain nommé Sherwood Anderson. L'écrivain Yankee et l'homme des cyprières s'assirent sur la grande levée au bord du Mississippi au sein du quartier français et se mirent à parler avec aise. L'écrivain causa longuement de ses idées et de sa conception de la vérité, et l'homme des bois parla de la vie sur le bayou. Ainsi ont-ils passé l'après-midi ensemble à discuter et à observer les bateaux de tous genres et de toutes les tailles, qui montaient et descendaient le grand fleuve devant eux, tandis que la vieille ville à laquelle ils tournaient le dos menait son train habituel. En se disant au revoir ce soir-là, chaque homme emporta cette expérience comme un souvenir qui ne se laisserait jamais oublier.

Ce fut de Sherwood Anderson qu'Aristile avait reçu l'allégorie des graines, des lianes et des idées. Il admira toute sa vie l'écrivain, même s'il ne pouvait lire l'anglais qu'avec peine, ne pouvant donc faire l'expérience des nouvelles d'Anderson. Des années plus tard, lorsque Octavie et Wilferd passèrent leur brève lune de miel à la Nouvelle Orléans, Octavie remarqua une affiche dans une petite boutique et reconnut le nom de Sherwood Anderson qu'Aristile évoquait avec affection, disant l'avoir connu. Elle acheta l'affiche pour son père, malgré les remontrances de Wilferd qui trouvait que c'était gaspiller son argent. Au centre de l'affiche se trouvait la photographie d'une voiture démolie et rouillée, plongée jusqu'à l'aile droite dans l'eau, et qui s'enfonçait dans le marécage, entourée de cyprès, elle était absorbée de plus en plus par l'environnement naturel. Au-dessus de l'image, on pouvait lire les

When Sherwood Anderson said
"there are many sick trees in the forest,"
he was talking about people.

When Jesus said
"the meek will inherit the earth,"
He was talking about trees.

paroles suivantes: *Lorsque Sherwood Anderson a dit: 'Il y a beaucoup d'arbres malades dans la forêt,' il parlait des gens.* Sous la photo on voyait: *Lorsque Jésus a dit, 'les doux hériteront de la terre,' il parlait des arbres.*

Depuis ce jour-là, l'affiche était restée accrochée dans la chambre d'Aristile, et bien qu'il ne soit jamais assez pessimiste pour se conformer à la seconde affirmation, il aimait bien l'idée représentée par la photographie, comme il aimait aussi l'analogie entre les êtres humains et les arbres. Il n'y avait rien sur les murs de sa chambre à coucher sauf un porte-fusils et l'affiche. Avant d'éteindre sa lampe à l'huile la nuit, souvent, Aristile levait les yeux et étudiait l'affiche soigneusement.

Je me demande où se trouve Sherwood Anderson à cette heure. C'était un vaillant homme, il me semble, intelligent c'est certain, mais tracassé. Je n'crois pas qu'il soit resté en ville longtemps… Heureux les doux car ils hériteront la terre… Qu'est-ce que ça veut dire? Il a vraiment dit ça, Jésus? Ou est-ce que quelqu'un d'autre a dit ça, et quand quelqu'un lui a demandé, Où est-ce que tu as entendu cela? il lui a répondu, c'est Jésus qui l'a dit? Hériter la terre…H-E-R-I-T-E-R. Laissez les doux venir à moi. Venez. Venez. L'heure d'hériter la terre est arrivée. Venez et héritez l'Atchafalaya.

Les arbres

Ti Frère s'aventurait souvent à l'intérieur du Bassin à l'époque où l'eau était basse en automne. Pour le garçon en pleine croissance, c'était son activité préférée.

«Pourquoi les souches sont-elles si grandes et les arbres vivants si petits?» demanda-t-il à Vieux Pop qui préparait à feu doux un grand pot de gombo au poulet et à la saucisse sur la cuisinière à bois.

«A la fin du dix-neuvième siècle et au début du vingtième, les compagnies d'abattage de bois sont venues et ont acheté la terre à bon prix. Pour faire de l'argent sur leur placement, ils ont embauché des équipes d'abattage de bois pour couper les arbres et en extraire du bois de construction en cyprès précieux.»

«Mais, Vieux Pop, pourquoi ont-ils coupé tous les grands arbres? Pourquoi est-ce que je ne peux pas voir la forêt comme elle était avant? Dis-moi, est-ce qu'elle était belle? Est-ce que tu te rappelles?»

«Oui, elle était très belle. Les arbres étaient magnifiques.» Vieux Pop

se mit à gesticuler, et il continua.

«La plupart des arbres étaient plus grands en diamètre que l'appentis du fond de notre jardin. Il fallait soulever le regard de quatre-vingts à quatre-vingts dix pieds de hauteur avant de voir les premières branches. C'était des colonnes énormes: verticales, rondes, solides. Debout dans la forêt d'arbres immenses, on pouvait se croire –si l'on ne se doutait pas de l'heure de la journée, à la lumière du grand matin ou à celle de fin d'après-midi, car les immenses troncs aux branches feuillues la rendaient à ce point obscure. A cent pieds de hauteur, l'on trouvait un dais qui faisait penser aux voûtes d'une cathédrale merveilleuse.» Il fit une pause.

«Les arbres étaient si serrés qu'à certains endroits, il était difficile de traverser la cyprière autrement qu'en petite pirogue.» Le travail de mémoire d'Aristile le transporta à nouveau dans la grande forêt.

«Mais pourquoi ont-ils coupé *tous* les arbres?» insista Ti Frère.

«Bien, c'était un commerce, tu sais. Les compagnies, ayant acheté les cyprières, voulaient gagner de l'argent en vendant le bois de haute futaie. Ces gens-là n'habitaient pas ici, et ils se fichaient de l'avenir» expliqua Vieux Pop. «Le cyprès âgé était un bois extrêmement précieux. Tu pouvais en faire n'importe quoi: des bateaux, des maisons, des granges, des meubles, des péniches, des citernes, des pieux de clôture, n'importe quoi. Il était facile à travailler et durable.»

Il continua la suite en anglais cadien: «Well, you know, Ti Frère, not'ing lasses fuh evah, not even somet'ing big an' strong like dose ol' tree.»

Vieux Pop prend un air triste que je n'arrive jamais à comprendre. Son regard me traverse sans me voir, comme si je n'étais plus en face de lui. Qu'est-ce qu'il peut voir? Les grands arbres, peut-être? Quelque souvenir de sa jeunesse? J'essaie de le faire revenir:

«Je pourrais voir les grands arbres un jour, n'est-ce pas, Vieux Pop, quand j'aurai l'âge que tu as?»

«Non, non! Pas même si tu atteins deux fois mon âge. Chacun de ces

arbres avait plus de 500 ans. Certains avaient plus de 2,000 ans. Non –plus jamais. C'est trop tard.»

Puis, il sort pour fendre du bois de chauffage ou pour nettoyer ses filets ou pour réparer quelque chose, et je sais que la discussion est terminée. Parfois, je sais aussi qu'il est au bord des larmes. Je me demande pourquoi il fait cette tête.

«Pourquoi est-ce que tu ne les as pas empêchés de faire ça, Vieux Pop? Pourquoi est-ce que tu ne les as pas forcés à arrêter?» répéta-t-il. Ti Frère croyait que son grand-père pouvait faire n'importe quoi, qu'il pouvait résoudre tout problème —juste ou injuste.

«Quelquefois la pêche et la cueillette de mousse espagnole n'apportaient pas assez d'argent à ceux qui vivaient sur le bayou… Il y avait d'autres fois quand les filets restaient vides. À d'autres moments, il y avait beaucoup de poissons mais les acheteurs les payaient si bon marché que c'était peine perdue de les attraper et de les emporter au marché: les pêcheurs ne faisaient que travailler dur pour perdre plutôt que de gagner de l'argent. Je me rappelle les jours où l'on n'aurait pas pu trouver vingt-cinq sous dans cette cabane. Il y en avait plein, des moments comme ceux-là. Alors, les grands propriétaires terriens sont venus, ils ont approché les pêcheurs et ils leur ont dit: 'Ces marécages remplis de cyprès sont à nous. Nous vous payerons bien si vous travaillez pour nous. Coupez ces arbres, et faites flotter les bûches jusqu'à la scierie que nous construisons au bord du cyprière.'»

«Alors, les gens du marécage ont dit: 'D'accord, on aime les arbres, mais il y en a tellement. Ça ne va pas changer grand-chose.' Partout où on regardait, on voyait d'énormes cyprès anciens, alors ils se sont dit: 'O.K., on va le faire un certain temps. On va couper les arbres, on va gagner de l'argent, on va s'acheter de meilleurs vêtements pour remplacer nos haillons, un nouveau fusil qui va nous permettre de mettre de quoi manger sur la table. On va s'acheter des filets, des pièges à écrevisses, des moteurs de bateau et de l'essence afin qu'on ait plus de moyens pour gagner notre vie par la pêche.' Mais une fois qu'ils se sont mis à abattre les arbres, ils n'en voyaient plus la fin.

Ils n'arrivaient pas à s'arrêter. Non seulement ont-ils gagné assez d'argent pour acheter ce qui leur manquait, mais ils ont pu faire des économies aussi. Ils ont manqué de jugement, Ti Frère. Ils ne se doûtaient pas –ou bien ils ont refusé de prendre conscience, qu'à l'intérieur des cyprières –au nord et au sud— comme dans toutes les directions, il y avait des équipes d'abattage semblables à la leur qui travaillaient en même temps à abattre les arbres. Alors, oubliant que les arbres majestueux avaient des centaines et des centaines d'années, et que la beauté, la tranquillité et la paix qu'ils fournissaient comme havre sûr aux animaux sauvages, disparaîtraient à jamais, *ils ont débité la forêt.*

«Sans se rendre compte de la portée de leur geste, ils ont eux-mêmes saccagé la grande forêt de cyprès en la transformant en marécage à moignons. De tous, nous, je veux dire, *eux*, n'auraient jamais dû se laisser prendre au piège. Les gens qui vivaient sur le bayou étaient venus là à cause des grands bois et des animaux sauvages qui abondaient et que la forêt soutenait. A ce moment précis, ils ont permis et même aidé les propriétaires, y compris l'état de la Louisiane, à détruire –presque entièrement— leur patrimoine élu. Ils ont fait preuve d'une imprudence sérieuse et n'ont pas songé à l'avenir. Ils ont placé leur besoin de trouver un emploi et de gagner de l'argent au-dessus de la valeur incroyable de la forêt majestueuse. Pour les propriétaires, c'était un commerce; pour mes amis —un emploi; pour toi —une perte inestimable qui ne pourra jamais être rétablie —*jamais.*

«La cyprière est belle maintenant, tu le sais. Tu sais aussi que, plus d'une fois, je t'ai dit: 'Si seulement tu pouvais voir le cyprière tel qu'il avait été quand j'étais enfant petit.' Oui, c'est encore un lieu d'une grande beauté, et je sais qu'un jour tu diras à tes propres enfants et à tes petits enfants ces mêmes paroles: 'J'aimerais tant que tu puisses voir le marécage tel qu'il avait été lorsque j'étais enfant…' Car ce lieu continue à se transformer, à se remplir de sable et de limon qui se déposent dans le Bassin par voie du grand fleuve du Mississippi. Et, il est de plus en plus l'échappatoire de gens qui ne comprennent pas, de gens qui jettent leurs ordures n'importe où et détruisent tout, de gens qui amoindrissent la qualité d'un endroit par leur présence même.»

«Un arbre sur pied comme ceux dont je t'ai parlé fournit une habitation pour des centaines d'animaux: des écureuils, des chaouis, des canards branchus, des faucons, des hérons, des hiboux, des oiseaux qui chantent, des grenouilles, des lézards et des pique-bois. Imagine un arbre de 180 pieds de hauteur, six pieds de diamètre –quelle création! Quand ils ont abattu la forêt, ils n'ont pas pensé à l'effet que cela ferait aux animaux sauvages qui y demeuraient, ni sur nous qui habitions dans leur ombrage.»

Vieux Pop m'envoie chercher du bois, mais je sais ce qu'il fait. Il se débarrasse de moi afin que je ne le voie pas pleurer, mais c'est trop tard, je l'ai déjà vu. J'ai vu une grosse larme rouler sur son visage, biaisant à travers le chaume de sa barbe et tombant en plein dans le gombo. Je l'ai même entendue tomber –le silence, avant que je passe le seuil de la porte, était à ce point intense. Si jamais un de mes camarades de classe l'avait vu, ce serait ma fin. La honte, quelle honte, le grand-père de Ti Frère est un pleurnichard. En voilà pour sa réputation d'homme le plus dur des bayous, en voilà pour ma réputation tout court.

Sauver un géant

«Je tiens cette histoire de certains des hommes qui étaient là, et je la crois vraie» dit Aristile à Alexson un jour d'automne tandis qu'ils choisissaient un endroit confortable où s'asseoir au pied du grand chêne vert devant la maison. Ils avaient fendu et empilé du bois de chauffage pour le poêle et il était temps de se reposer. Pour Vieux Pop, c'était l'occasion propice de raconter à Ti Frère une de ses histoires préférées: «Écoute bien, Ti Frère, cette histoire pourra un jour t'aider en bien des manières.»

«Il y avait, un jour, sur le terrain de l'état de Louisiane, un bocage de cyprès encore plus grand que les autres. C'était au marécage Buffalo, à plusieurs miles d'ici, vers le sud. Et, il y avait une équipe qui débitait les arbres pour une entreprise d'abattage de bois. C'était à la même saison qu'à cette heure, je me souviens bien –oui, la mi-novembre de l'année 1899. L'eau était basse, comme elle l'est toujours en automne, et l'équipe travaillait depuis cinq à six semaines à cet endroit. Deux hommes forts pouvaient faire tomber un arbre de six ou de sept pieds de diamètre en une demi-heure. L'endroit était couvert de rondins énormes dont les cimes et les branches avaient été taillées par une autre équipe. En décembre, aussitôt que la rivière commençait à monter, inondant les cyprières, les fûts d'arbres, assemblés en radeaux sur la rivière, étaient lâchés à flotter et tirés jusqu'au moulin à scie.»

«Pendant ce temps, les équipes d'abattage de bois vivaient dans des camps flottants qui leur servaient de domicile temporaire. Ils passaient des semaines sans sortir de la forêt. C'était une vie dure. Un matin, lorsque l'équipe était arrivée au terme de son travail à cet endroit, les hommes ont remarqué un cyprès d'une taille et d'une hauteur bien supérieures aux autres arbres: c'était un géant parmi les géants. Les hommes l'admiraient avec émerveillement. Personne n'avait vu d'arbre de cette envergure. Ainsi, ils ont retardé l'abattage du géant qui se trouvait au sein d'une petite clairière au cœur de la cyprière. Ils l'ont laissé à dessein pour la fin de leur ouvrage.»

« Parce qu'il n'était pas étouffé par d'autres arbres, il avait poussé tout droit et avait atteint une hauteur vertigineuse. Ses branches massives s'étendaient loin dans toutes les directions. Comme beaucoup des plus grands arbres, il servait d'habitation aux oiseaux et aux animaux de tout genre. Les écureuils parcouraient le géant, sautant de branche en branche. Des ratons laveurs se cachaient derrière la mousse espagnole et les feuilles, regardant à la dérobée les hommes qui –travaillant de scies et de haches—venaient de plus en plus près. Des hiboux perchés sur les branches inférieures, observaient en silence le déroulement de la destruction de la forêt. Sur les branches supérieures, des faucons surplombaient une scène qui leur était complètement insolite: sur des miles et des miles, les arbres qui, jadis s'élevaient à des hauteurs vertigineuses au-dessus du sol marécageux, gisaient alors à l'horizontale —inutiles. Des aigrettes et des ibis allaient et venaient avec anxiété; les oiseaux chanteurs, n'ayant aucun autre arbre où se poser, remplissaient les branches du dernier arbre. Autour du géant cyprès, l'air même grouillait d'oiseaux et de papillons.»

«Alors que le moment d'abattre le grand arbre s'approchait, un des hommes –Choupique LaCouture, s'est mis à parler tout bas aux autres, hors de portée de voix du patron, d'une idée qu'il avait eue plus tôt dans la journée. 'Tu as déjà vu un arbre aussi grand?' il a demandé à un des hommes. 'Pas moi, non !' l'homme a répondu. 'Bon, alors—O.K.' Choupique a dit, comme s'il avait pris une décision.»

«Choupique avait été blessé la veille quand une branche effondrée l'avait heurté à l'épaule droite, et il souffrait d'une sévère contusion. A contre cœur, le patron lui avait donné deux jours de congé pour qu'il s'en remette, et qu'il 'cesse de gaspiller le temps de l'entreprise,' comme il disait. Choupique passait son temps à énumérer les cercles annuels des souches de cyprès coupés, cherchant à découvrir lequel avait atteint l'âge le plus vénérable.»

«'Huit cent quatre-vingt seize,' hurlait-il du haut d'une souche de taille moyenne. Une demie-heure plus tard, il recommençait: 'Mille quatre cent quarante-sept!' A peu près une heure plus tard, il a annoncé: 'Mille six cents quatre-vingt quatre!' Chaque fois qu'il trouvait un nouveau défenseur, les hommes l'acclamaient, lui montrant ensuite telle ou telle autre souche qui pouvait aisément battre le champion courant. Choupique s'allongeait sur le ventre, la tête vers le centre de la souche et entamait son énumération: 'Cent!' il criait pour que les hommes l'entendent, son doigt à deux pouces seulement du cœur de l'arbre.

«Les futaies de cyprès dont les arbres étaient si rapprochés poussaient très lentement, et une centaine d'années de croissance pouvait se mesurer à un ou deux pouces de diamètre seulement» dit Aristile.

Puis, il continua son histoire: «'Deux cents,' annonçait Choupique un peu plus tard et plus loin du centre. Aucun des hommes ne réagissait avant qu'il ne dépasse mille. Ensuite, ils se mettaient à miser quelques pièces de cinq et dix sous entre eux, pariant si tel arbre allait battre celui de 1.684 ans et tentant de juger, par la position de Choupique allongé au travers de la souche, combien d'anneaux il lui restait encore à compter. Il suffit de donner aux Cadiens de quoi parier et ils sont heureux comme un sac-à-lait dans un banc de vairons. Un Cadien qui n'aime pas le jeu est aussi rare que des plumes sur un poisson-chat.» Aristile sourit, approuvant lui-même l'image évoquée.

«Quelques-uns des grands arbres étaient si rapprochés que, de temps à autre, un homme agile pouvait sauter du tremplin installé sur un arbre au tremplin installé sur l'autre. Le défi était de voir combien de bons coups de haches l'homme pouvait asséner au deuxième arbre avant que le premier n'achève sa chute et ne tombe avec fracas dans l'eau peu profonde qui l'entourait, paraissant secouer la terre entière. Aussitôt que son partenaire criait: '*Timber!*' le sauteur de tremplin, qui ne portait jamais de chaussures, empoignait sa hache et s'élançait au tremplin le plus proche, l'ayant choisi à l'avance. Sa hache volait vers l'énorme fût avant même qu'il ne soit fermement accroché à la planche. Il lui assénait autant de coups possibles tandis que le premier arbre chancelait et amorçait sa chute, ses nombreuses tonnes de bois dense accusant une course de plus en plus accélérée pour le sol.

«Comme tu t'en doutais sûrement, Ti Frère, quelques paris rapides s'échangeaient entre les hommes sur le nombre de coups de hache que le bûcheron pouvait asséner avant que l'arbre ne termine sa chute et des discussions sans cesse survenaient entre les hommes afin de déterminer si l'arbre avait terminé sa chute avant le dernier coup de hache du bûcheron ou après. 'Il n'avait même pas fini d'achever son coup!' déclarait un homme. 'Tu rigoles?' un autre lui demandait: 'Il prenait déjà son élan pour le suivant!' Le record était de sept coups, certains disaient huit.»

«Quoiqu'il en soit, quand tous les plus grands cyprès –excepté celui qui était à part— avaient été abattus, Choupique avait trouvé une souche qui avait 1.829 cercles annuels.»

«Vieux Pop» Ti Frère l'interrompit, «comment se fait-il que tu en sais autant sur une histoire qui s'est passée il y a si longtemps?»

Aristile s'était tellement impliqué dans son histoire, qu'il avait pratiquement oublié de temps à autre qu'il parlait à son petit-fils.

«Et, il y a un petit moment» dit Ti Frère «tu m'as dis que Monsieur Choupique avait eu une idée pendant qu'il comptait les anneaux, mais tu ne m'as jamais dit ce que c'était!»

Aristile fit mine d'ignorer la question sur sa connaissance des détails de l'histoire. Il changea de position, observa une grande aigrette happer un vairon dans l'eau peu profonde de l'autre côté du bayou, et continua son récit: «L'idée que Choupique avait eue ce matin-là était que les hommes n'abattent pas le plus grand arbre. Il était trop beau, trop grand —trop majestueux. Abattre ce géant serait un crime, pensait-il, et les autres étaient prêts à défendre son idée, mais le patron n'était pas du même avis. Sa fonction était de fournir la scierie avec autant de grumes possibles: de laisser l'arbre le plus rentable en plein marécage était impensable. Mais, Choupique s'obstinait: 'Qu'est-ce qu'un seul arbre?' il a demandé au patron. 'Au fond, qui va le savoir? On a déjà coupé des milliers de billes parées à flotter à votre moulin à scie.'

«Le patron n'avait pas l'habitude d'être remis en question, et Choupique risquait de perdre son travail quand l'un des hommes a crié: 'Allons manger!' Et le problème a été reporté un bout de temps.

«Les hommes ont marché jusqu'aux pirogues et ont sorti des sandwiches au porc salé qui leur avaient été préparés le matin même par le cuisinier du camp. Assis sur les souches des anciens cyprès, ils ont dégusté leur simple repas. Choupique et quelques hommes de l'équipe se sont installés sur la souche de l'arbre de 1.829 ans et Choupique s'est remis à compter, mais cette fois-ci prenant son point de départ de l'anneau externe.

«'O.K.' dit-il, 'nous voici —l'année 1899.' Il y a fait une marque avec son crayon de bûcheron qu'il portait toujours sur lui, bien que l'écorce de l'arbre ait été marque suffisante. Les autres hommes –ces abatteurs d'anciennes futaies—observaient ses gestes comme s'ils n'avaient jamais vu d'anneaux de croissance de leur vie. Arrivé à trente-quatre anneaux, Choupique a fait une marque et a dit: 'L'année 1865, la fin de la guerre civile américaine.'

«Les deux marques étaient à moins d'un pouce de distance. Continuant son compte à rebours, il compta soixante-cinq cernes et, là, il a déposé une seconde marque: '1800, la fin du siècle dernier.' Il compta encore une fois, inscrivant une marque supplémentaire à l'année 1765. '1765 –les Acadiens envahissent le Sud de la Louisiane!' a-t-il annoncé. Quelques-uns des hommes ont ri, d'autres ont applaudi.

«'Come ahead back!'» Choupique s'est dit alors qu'il s'avançait vers le centre de l'arbre, désignant chaque siècle et chaque date historique lorsqu'il l'atteignait. L'année 1492 a reçu une marque plus grosse. La plupart des hommes avait terminé leur repas et certains entamaient un petit somme en attendant que le patron leur donne l'ordre de reprendre leur travail. Les autres comptaient silencieusement avec Choupique, et observaient alors qu'il mettait une marque à chaque début de siècle. Enfin, il a proclamé à haute voix: 'Mille huit cent vingt-neuf' et il a retiré un bout de papier jauni de sa poche, et fait un calcul au crayon. Ensuite, il a posé le doigt au cœur même du géant.»

«'Aujourd'hui, moi Choupique LaCouture, je touche du doigt quelque chose dont la vie a commencé en l'an 71 après Jésus Christ,' a-t-il dit. Il y a laissé le doigt quelques instants, comme pour en bénéficier d'une certaine manière. Personne n'a prononcé mot, ni a bronché. Même les oiseaux réfugiés sur les branches de l'arbre géant avaient cessé de faire leur bruit. Le silence avait réveillé les deux hommes qui somnolaient, et qui s'étaient levés sur le coude pour épier Choupique.

«'Qu'est-ce qui se passe?' l'un des hommes a demandé.

«Personne n'a répondu. Enfin, le patron a rompu le silence en prenant la parole: 'Au travail!' a-t-il commandé. Deux ou trois hommes regardaient encore fixement le noyau central de l'immense souche; ils avaient du mal à s'ébranler. Un des hommes a ramassé sa hache et en s'apprêtant à descendre de la souche, il a d'abord étendu la main pour toucher l'endroit où le doigt de Choupique avait reposé: 'L'année 71 après Jésus Christ,' il a dit. Puis, l'un après l'autre, les hommes ont touché le cœur de l'arbre mort, certains avec émerveillement, d'autres sans vouloir manquer le bénéfice potentiel qu'ils pouvaient en tirer. Le patron s'est moqué des hommes: 'Dites-donc! Vous, les cadiens!' Il les a apostrophés: 'la superstition commence juste en dessous de vos peaux épaisses, hein?'

«'Ça n'a rien à voir avec le fait d'être cadien!' Choupique lui a fait remarquer. 'Et pour ce qui est de la superstition, vous ne savez pas tout. Personne ne peut tout savoir.' Puis, il a émit quelques mots en français cadien, incompréhensibles au patron, et lui a tourné le dos.

«Le patron a laissé passer l'affront puisqu'il était énoncé à voix basse et qu'il pouvait faire semblant de ne pas l'avoir entendu. En plus, il ne voulait pas se voir obligé d'avouer aux hommes qu'il n'arrivait pas à parler leur langue alors qu'ils avaient appris à parler la sienne, et il avait hâte que l'équipe se remette au travail.

«C'était une de ces belles journées d'automne, fraîche et ensoleillée. Wilson savait que par une pareille journée il arrivait à pousser les hommes beaucoup plus que par la chaleur oppressive des journées d'été. Il voulait en finir avec le grand arbre et passer à la destruction d'une autre partie de la forêt. Mais, Choupique ne lâchait pas prise.

«'On en a parlé, M'sieur Wilson, et on va laisser l'arbre tel qu'il est,' Choupique lui a dit.

«Dans un premier temps, Wilson pensait ne pas avoir bien compris. Ce qu'il croyait avoir entendu ne voulait tellement rien dire qu'il est resté perplexe un instant. Mais, se rattrapant vite, il lui a rétorqué: 'Qu'est-ce que tu dis?' Son incrédulité était à ce point tangible qu'on pouvait la racler au kilo à l'aide d'une hache émoussée.»

Aristile ria tout bas.

«'J'ai dit: on va laisser cet arbre en vie,' lui a répondu Choupique, regardant sans émotion ni crainte son patron dans les yeux.

«'Je ne crois pas bien entendre aujourd'hui,'» a remarqué Wilson. Il a placé l'index dans chacune de ses oreilles et l'a secoué, évitant le regard de Choupique tout en souriant largement aux autres hommes de l'équipe. Il espérait que ce n'était qu'une blague et qu'il allait bientôt pouvoir reprendre son affaire de production de bois de charpente.

«Mais, déterminé, Choupique s'acharnait: 'Regardez donc la taille de ce géant et voyez de combien il dépasse celui sur lequel on était assis! Cet arbre que vous voulez descendre était en vie et en pleine croissance à l'heure où Jésus Christ est né!'

«'Et alors?' Wilson s'est exclamé: 'Il n'est pas né par ici dans ce foutu marécage, hein? Il n'est pas né à l'ombre de cet arbre, hein?' 'Je ne parle pas du lieu où il est né,' a répondu Choupique, 'je parle de quand il est né. 'Je ne vois pas le rapport. Cet arbre ne savait pas si Jésus Christ était né oui ou non, et à l'heure qu'il est, il n'en sait toujours rien! Abattez-le avant que je ne me mette en colère!'

«'Qui êtes-vous pour dire ce qu'un arbre sait ou sait pas?' Choupique a insisté, tandis que Wilson se détournait. 'A la porte, Lacucha!' Wilson lui a rétorqué en se retournant vers Choupique: 'Va prendre tes affaires, et fous le camp! Les scieries feraient faillite si on laissait en vie les plus grands arbres, et moi je ne fais pas mon affaire en continuant à discuter sur le sort d'un arbre avec une bande de nigauds des marécages! Vous autres: mettez cet arbre à mon niveau, et que ce ne soit pas demain soir!'

«Aucun des hommes —ni même Choupique d'ailleurs— ne pouvait se permettre de perdre son emploi. Alors, deux d'entre eux ont approché l'arbre et ont entamé les préparations pour l'abattre. Les hommes se déplaçaient lentement. Pour ce qui est de Choupique, il n'avait pas bougé du tout. En face du grand arbre, les deux hommes évitaient de se regarder. Le premier s'est mis à affiler sa hache pour faire des entailles dans le tronc de l'arbre afin d'y placer des tremplins. Tout doucement et délibérément l'autre s'est mis à effiler son passe-partout à l'aide d'une lime qu'il portait en permanence dans la poche arrière de son pantalon. Wilson faisait mine de ne pas remarquer le délai. Il s'est assis sur une souche tout près, se roulant une cigarette nerveusement. Les autres membres de l'équipe étaient restés debout, observant la scène. Un des hommes a entamé un morceau de bois à l'aide de son couteau à cran d'arrêt. La tension était chargée, mais aucun homme n'avait le courage de la désamorcer en prenant la parole. Le seul bruit qu'on entendait dans la cyprière était celui des deux limes qui affilaient l'acier: l'une la scie, l'autre la hache.

« Enfin, Wilson en a eu assez: 'Tu vas les faire, tes entailles de tremplin ou tu vas affûter ta cognée de hache jusqu'à ce que y'en a p'us?' Choupique a détaché son regard de l'arbre et l'homme maniant la hache s'est avancé rapidement vers le tronc de l'arbre ancien. Choisissant son point d'impact, il a entamé son geste. Au bout du manche de l'homme puissant, l'on voyait à peine la cognée mais, au lieu de mordre l'aubier du grand arbre, elle a pris son envol et s'est enfoncée dans la souche où Wilson était assis, manquant de près la main posée à son bord qui tenait encore entre ses doigts une cigarette intacte. Tous les regards des hommes se sont braqués sur la cognée acérée et, tout près, sur les doigts épargnés. Les cognées de hache pouvaient filer à n'importe quel moment, mais ces hommes-là faisaient preuve d'une vigilance beaucoup plus grande que d'autres, et jamais aucune de leurs haches n'avait perdu sa cognée.

«Wilson a vite repris son sang froid. En ce qui le concernait, rien n'avait de sens caché. Il ne se montrait ébranlé ni par le silence étrange, ni par la demande extravagante des hommes, ni même par la cognée envolée. Sautant de la souche, il a lancé à qui voulait l'entendre: 'Donnez-moi une hache!'

«'Prenez la mienne' Choupique a proposé, souriant comme s'il savait quelque chose que Wilson ignorait. 'Ne t'ai-je pas dit de foutre le camp?' Wilson a sifflé.

«'Je veux vous voir abattre cet arbre avant de partir, M'sieur Wilson.'

«Le silence était à ce point intense que l'échange de répliques à haute voix paraissait étrangement bruyant. Wilson a empoigné la hache, a fait volte-face en tournoyant sur le talon de sa botte, et a chargé l'arbre. Butant contre une des racines aériennes de cyprès, il est tombé. Au moment même de se relever, la foudre a frappé tout près et un éclat assourdissant s'est fait entendre, tandis qu'un grondement de tonnerre faisait vibrer le sol, électrifiant l'air

même. Stupéfiés par le bruit soudain et la lumière aveuglante, les hommes sont restés muets. Presque aussitôt, une pluie torrentielle s'est mise à tomber et l'équipe est partie en courant chercher ses vêtements de pluie entreposés dans les pirogues à proximité. De nouveau, Wilson a trébuché, cette fois au pied de l'arbre immense et la hache lui a glissé des mains. Choupique s'est avancé et l'a ramassée sans regarder Wilson, alors trempé, grelottant sous le vent violent qui avait accompagné l'averse. Se rendant compte que les hommes partaient pour échapper à l'orage et rentraient au camp, il a compris que les obliger à abattre l'arbre serait alors impossible.

«Une fois rassemblé au camp, aucun homme ne se rappelait avoir vu les nuages s'amasser dans le ciel, ni même avoir senti la présence du vent avant que l'orage n'éclate. Mais avec la chaleur et la tension de la dispute au pied du cyprès géant, l'orage en cours aurait pu se faufiler tout doucement sans être aperçu, ont-ils décidés.

«Wilson avait commencé à craindre l'arbre géant et les pouvoirs mystérieux qui le protégeaient. Il n'est plus jamais retourné au marécage Buffalo. Cet hiver-là, lorsque l'eau est montée et que l'équipe chargée du flottage des rondins est arrivée pour rassembler les bûches répandues un peu partout, ils se sont émerveillés de la taille du cyprès solitaire, ainsi que de la cognée plantée dans la souche à côté. Rassemblant les rondins, ils ont formé des radeaux flottants de quatre à six troncs de largeur et de cents mètres de long. Puis, à l'aide d'un remorqueur, ils ont commencé à les déplacer jusqu'au moulin à scie de l'entreprise près d'une petite ville à la lisière ouest du Bassin.

«L'histoire du grand arbre et de ce qui s'est passé ce jour-là en 1899 a circulé dans tout le Bassin parmi les équipes d'abattage de bois. Personne ne pouvait affirmer avec certitude que les événements ayant marqué cette journée avaient été le fruit du hasard ou le résultat d'une intervention surnaturelle, mais beaucoup d'avis se sont échangés à cet égard. Quelques-uns ont effectué le long voyage jusqu'au cœur de la cyprière pour contempler le géant et la cognée enfouie dans la souche voisine. A l'endroit même où l'on disait que la main de Wilson avait reposé, certains y ont placé la leur. Mais personne n'a tenté d'extraire la cognée en acier de la souche où elle était plantée. Il est probable qu'elle y est encore aujourd'hui. En général, ils touchaient l'arbre géant et repartaient. Après quelque temps, les gens ont cessé de faire l'excursion, et les équipes d'abattage de bois sont passées à d'autres futaies de cyprès plus éloignées. Ensuite, l'histoire a été, pour la plupart, oubliée.»

«Vieux Pop, et Monsieur Choupique, qu'est-ce qu'il est devenu?»

«Eh bien, il a cessé de faire le bûcheron et pendant quelques années, il a repris la pêche, puis il a déménagé.»

«Vieux Pop,» dit Ti Frère, «lorsque tu as commencé à me raconter l'histoire du grand arbre, tu as dit que cette histoire pouvait m'aider de plusieurs manières. Je ne comprends pas.»

«J'ai dit cela pour deux raisons. Pour ce qui est de la première, je veux que tu saches quelque chose que je n'ai compris qu'après bien des années: rien n'est certain, rien de vraiment important n'est complètement intelligible ni limpide à l'esprit humain. Il arrive des choses que l'on ne peut pas expliquer facilement. Et parfois, il n'y a aucune explication du tout. On ne peut jamais apercevoir tous les aspects d'une chose en même temps. On croit savoir et comprendre quelque chose complètement, et on agit en conséquence. Des jours ou même des années plus tard on découvre qu'on a eu tort, et que ses actions, fondées sur tel raisonnement avaient été mal vues. La vie sera toujours un mystère —toujours. Est-ce que tu comprends ce que je cherche à te dire?»

«Je sais pas, Vieux Pop. Je vais y réfléchir. Et, quelle est l'autre raison?»

«Tu grandis et je sais qu'avec chaque année qui passe, tu t'éloignes seul dans ta pirogue de plus en plus loin de la maison, accompagné seulement de Mocassin et Ti Bird. Je sais aussi que tu te perds de temps en temps, mais que tu retrouves ton chemin tout seul. Mais, tu es encore tout près de la maison, et après quelque temps, tu reconnais les environs. Cependant, le marécage Buffalo n'est pas pareil. Cette cyprière paraît sans fin. Une fois que tu y entreras, tu commenceras à trouver que tout se ressemble, mais que rien ne t'est vraiment familier. Après quelques temps, tu penseras que tu t'y connais assez bien pour trouver la sortie. C'est à ce moment que tu deviendras vraiment négligent, et au bout d'un moment, tu seras vraiment perdu. Tu pourras perdre à la fois ton sens de l'orientation et la notion du temps qui passe. Par un temps nuageux, tu n'auras aucune idée où se trouve le soleil. Le ciel sera d'un même gris monotone et d'une luminosité uniforme partout. Tu pourras perdre ton calme et ne plus jamais trouver la sortie.

«Si jamais tu t'égares dans ce coin, Vieux Pop continua, voilà ce qu'il faut faire. Trouve l'arbre le plus grand que tu peux monter et grimpe aussi haut que tu peux. Peut-être que ça va être un de ces grands arbres creux qui était là avant même que les équipes d'abattage de bois viennent, comme ceux contre quoi tu t'appuies pour sentir le martèlement du pic-bois.»

Ti Frère parut surpris:

«Tu m'as vu faire ça? Tu as dû croire que j'étais fou, hein?»

«Non, pas du tout» répondit Vieux Pop. «Je l'ai essayé, moi-même, une fois que je t'ai vu le faire. C'est une sensation agréable. Mais, je l'aurais jamais fait si je t'avais pas vu le faire un jour. Tu étais debout, la tête contre un arbre creux. A première vue, j'avais pas compris ce que tu faisais. Puis, j'ai entendu le pic-bois, et tout est devenu clair. Tu as plus d'appréciation et de respect pour la nature que tous les hommes que j'ai connus.»

Ti Frère sourit.

«De toutes manières, trouve un grand arbre et grimpe jusqu'en haut. Puis, regarde bien l'horizon jusqu'à ce que tu voies l'arbre géant dont je t'ai parlé. Si t'arrives pas à le voir, reprends ton chemin encore quelques miles, grimpe encore sur un deuxième arbre et scrute l'horizon à nouveau pour le géant. Tu vas le reconnaître sans aucun doute quand tu vas le voir parce qu'il est deux fois plus grand que tous les arbres dans les parages —même ceux qui étaient trop petits pour abattre à la fin du siècle dernier et qui ont depuis grandi une cinquantaine d'années. Lorsque tu va le voir, note exactement dans ta tête où il est, descends et commence à pagayer dans cette direction. Si tu n'y arrives pas après quelque temps, remonte dans un arbre, retrouve le géant et va vers lui dans ta pirogue une fois de plus. Quand tu vas y arriver, tu va voir une petite ouverture, ou une clairière, qui repart dans l'autre sens. Ce cours d'eau t'amène tout droit vers l'ouest. Il a été formé par les équipes de flottage de bois pour porter des milliers de rondins énormes vers le large bayou qu'on nomme Bayou à 600 Dollars et qui coule près de la scierie.

«Après que tu as pagayé trois ou quatre miles le long de cette clairière, tu va passer par un endroit où tu vas voir d'étranges chênes verts. Les chênes ont poussé sur des coquilles de palourdes assemblées en tas. Elles ont été abandonnées il y a des siècles par les Amérindiens qui vivaient dans le Bassin Atchafalaya. Mais l'eau des inondations de 1912 et de 1927 a emporté la plupart des coquilles, et les grands chênes sont aujourd'hui élevés, en haut de leurs racines massives et elles embrassent le vide. Tu peux pagayer sous les fûts d'arbres eux-mêmes à travers les racines qui s'étendent sur des yards en toutes directions. Quand tu va voir ces arbres, tu va savoir que t'es à mi-chemin vers la sortie du marécage Buffalo.»

Ti Frère essaya d'imaginer les chênes étranges que son grand-père venait de décrire ainsi que le mystérieux cyprès géant: «Est-ce que tu peux me montrer un jour, bientôt?» demanda-t-il.

«Oui bien sûr, peut-être au printemps prochain quand l'eau va monter et qu'il est facile de circuler par bateau dans le marécage. J'ai toujours voulu te le montrer, de toutes les manières.»

Il suffirait que je dise que la cognée qui a presque tranché les doigts de Wilson était la mienne. Je dois être fou de continuer à parler au garçon des vieux jours et des grands arbres. Plus je lui apprends à aimer mon souvenir des

vieux jours, plus il va me haïr pour ce que j'ai fait. Je sais reconnaître l'ombre d'une vieille menterie comme tout le monde, mais j'arrive pas à lui dire la vérité: que, moi-même, j'étais abatteur. Je peux pas être ce que je ne suis pas avant de l'être. J'aurais presque préféré que Wilferd lui dise avant qu'il disparaisse. Il était assez méchant pour le faire: il aurait pu me blesser aux yeux du garçon en lui disant, mais il avait lui-même si peu de respect pour les arbres qu'il a sans doute jamais imaginé qu'un autre pouvait se soucier de leur destruction, même Ti Frère. L'homme n'a jamais connu son propre fils.

Une photographie

Un samedi matin pluvieux, au cours du même mois, pendant que Aristile relevait ses carrelés de la rivière où il les avait placés et que, dehors, Octavie faisait à la main la lessive sur son frottoir, Ti Frère se mit à farfouiller dans la vieille malle de la chambre de sa mère, retenu à la maison à cause d'un rhume.

Il trouva dans le coffre une robe de mariée jaunie –jadis blanche comme la neige— deux albums de photographies en noir et blanc, écornés, les images vieillies par le temps. Puis, regardant les photographies, il tomba d'abord sur un certain nombre d'images du mariage de ses parents et d'autres de lui-même encore bébé et jeune garçon. Fouillant encore, il trouva des boîtes de lettres et de boutons, ainsi que des pacotilles offertes à Octavie par Wilferd il y avait quatorze ou quinze ans. Tout à fait au fond, sous des couvertures et quelques habits de son mari qu'Octavie avait gardés pensant qu'il rentrerait peut-être un jour, une vieille boîte en carton gisait.

Ti Frère aimait beaucoup les vieilles photos. C'était sa façon de mieux connaître le passé et, à son grand plaisir, il trouva la petite boîte remplie de photographies anciennes. Il se mit à l'aise sur le plancher près du grand coffre et commença à examiner les photos une à une, mettant certaines de côté afin de demander à sa mère ou à son grand-père quelques éclaircissements à leur sujet. En ce faisant, il tomba sur une des photos qui le fit buter. Elle était à l'envers, et lorsqu'il la remit lentement à l'endroit, un frisson lui parcourut le dos. Un pressentiment sinistre de ce qu'il venait de découvrir lui traversa l'esprit avant même de voir la photographie clairement.

Il y a un groupe de jeunes hommes assis sur une énorme souche de cyprès. Ils tiennent à la main leurs passe-partout, leurs coins et leurs haches. Derrière eux, un arbre géant qu'ils ont abattu gît dans l'eau peu profonde, ses branches encore recouvertes de mousse espagnole. Un des hommes est sans aucun doute Vieux Pop –et ce qu'il fait là est très clair. Il tient une hache à

la main, et l'une des poignées d'un passe-partout dans l'autre. Il sourit comme je l'ai vu sourire des centaines de fois quand il vient de faire ou voir quelque chose qui lui fait plaisir. En plus, son prénom, Aristile, est écrit au bord de la photographie avec la date —octobre 1903. Il y a deux autres prénoms inscrits sur la photo: Placide et Crapeau, deux des camarades qui jouent aux cartes avec Vieux Pop. Comment est-ce possible? J'espère que c'est une erreur, mais au fond de moi, je sais que c'est vrai.

Combien de fois m'a-t-il décrit la beauté des grands bois: les arbres qui s'étendaient si denses qu'ils ne laissaient pratiquement pas passer les rayons du soleil de midi, les troncs massifs si rapprochés les uns des autres par certains endroits qu'on ne pouvait se frayer un passage que par moyen d'une pirogue étroite? Il redit sans cesse combien il voudrait que je puisse –d'une manière ou d'une autre—voir les marécages tels qu'ils avaient été à la fin du dix-neuvième siècle et au début du vingtième. Ses descriptions sont si détaillées que la forêt immense apparaît devant moi, et j'ai le cœur qui bat à toute vitesse. Mais en fin de compte, il était, lui-même, bûcheron –homme des marécages. Vieux Pop est donc un des hommes qui a abattu tous les grands arbres.

Ti Frère mit la photo de côté, et remit les affaires dans le vieux coffre à l'endroit exact où il les avait trouvées. Une fois terminé, il referma le couvercle et quitta la pièce. Puis, photographie en main, il s'installa sur la véranda devant la maison et attendit le retour de son grand-père.

Plus tard, dans la matinée, quand Aristile redescendit le bayou, il n'aperçut pas tout de suite Alexson. Il amarra son bateau le long du petit embarcadère et, lorsqu'il leva la tête, il vit Ti Frère qui s'avançait vers lui.

«Salut, Ti Frère: ça va aujourd'hui, mon garçon?» Alexson ne répondit pas. Il s'approcha lentement de l'embarcadère, et contempla le fond du bateau. Son grand-père avait séparé les poissons: d'un côté les poissons chats gisaient, de l'autre, le gaspergou et le poisson buffle. Un bidon d'une vingtaine de litres se trouvait là aussi, rempli de crabes d'un bleu vif. Aristile se demanda pourquoi son petit-fils ne lui répondit point.

«Eh, regarde ça! » il l'interpella : «je me suis attrapé un poisson-chat jaune de soixante livres dans ce trou profond, tu sais –près de Bird Island. Tu veux me donner un coup de main pour le jeter dans le vivier?»

Alexson ne répondit toujours pas. Il regarda Aristile puis la photo qu'il avait tenue en main toute la matinée. Perplexe, Aristile attendit. Brusquement, des deux mains, Alexson chiffonna la vieille photo, et la lança contre son grand-père, le frappant vivement au visage. Puis, il se retourna et rentra à la maison en courant.

Aristile récupéra la photo sur le plancher du bateau où elle était tombée, entendant en même temps claquer la porte de la chambre d'Alexson. Se baissant lentement, il s'assit sur le rebord de son bateau, aplanissant la photographie contre sa jambe. Il la regarda longuement, l'étudiant. Chaque détail lui revenait à l'esprit devant l'image tandis qu'il se demandait comment il allait faire pour expliquer à Alexson ce qu'il avait fait avec ses amis. Soigneusement, il mit la photographie dans la poche de son imperméable et commença à décharger sa prise. Il prit d'abord les poissons à écailles et les plaça dans le vivier de l'autre côté du quai étroit. Lorsqu'il relâcha le poisson de soixante livres dans le vivier, il leva la tête et vit qu'Octavie s'était assise au bord de la véranda l'observant.

«Beau lot de poissons, Vieux Pop» dit-elle «mais je crains que tu vas devoir sérieusement t'expliquer à ton petit-fils.»

Plus tard, au fil des années, je me souviendrais maintes fois combien était triste le jour où j'ai perdu foi en Vieux Pop. A cette époque, il m'était complètement impossible de comprendre ce qu'il avait fait. A mes yeux, Aristile Guilbeau avait abattu chaque arbre à lui seul, dansant nu-pieds de tremplin en tremplin, maniant de façon diabolique haches et scies douées d'une sorte de magie malfaisante.

L'exil

Deux jours après avoir trouvé la photographie d'Aristile et de ses camarades bûcherons, Ti Frère ne supporta plus de partager la maison que sa mère et son grand-père occupaient. Il prit le Remington de vingt calibres à un coup de son emplacement sur le mur au-dessus du lit. C'était avec ce même fusil que Vieux Pop lui montra si soigneusement comment tirer, dans l'idée qu'un jour il puisse se nourrir avec sa famille. Il ouvrit un tiroir de la petite commode qui contenait la plupart de ses affaires. Elle lui avait été fabriquée par Aristile en vieux cyprès rouge lorsqu'il venait à peine de naître, le beau meuble était destiné à honorer l'arrivée au monde du nouveau-né. Une boîte de cartouches à plomb à moitié vide se trouvait dans le tiroir. Ti Frère en mit trois dans la poche de son pantalon, laissant ouvert le tiroir à dessein. Il traversa la pièce où Octavie était assise dans un coin nouant un carrelé, tandis que Aristile cirait sa vieille paire de bottes en cuir préférée qui lui servaient à chasser. Personne ne dit mot, pourtant Aristile suivit Ti Frère du regard alors qu'il franchissait les marches usées de l'arrière de la maison et arriva à l'entrée d'un des chemins de chasse commençant au-delà de la clôture qui entourait le jardin.

«Il va à la chasse, tu crois?» demanda Octavie, guettant le regard d'Aristile. Elle n'avait pas cessé de nouer son filet.

«Je crois pas» répondit-il. «On va voir.»

A moins de deux minutes d'intervalle, ils entendirent à 100 mètres seulement de la maison une décharge de fusil venant des bois. Aristile et Octavie se jetèrent un coup d'œil, puis reprirent leur ouvrage.

Ti Frère s'avança vers le gros lapin des marécages qu'il venait d'abattre. Le soulevant par les pattes arrières, il sentit les derniers sursauts de vie fuir le corps mou, puis lança l'animal mort dans une mare d'eau au pied d'une vieille souche de cyprès et continua son chemin. Il allait chercher du gibier plus conséquent maintenant: un hibou bigarré, un grand héron bleu ou un de ces gros pique-bois à couronne dont il avait tant admiré le battement au cours des années. Il chassait mal à cet instant, car son pas n'était ni lent ni silencieux, et des larmes s'étaient formées au coin des yeux. Il les essuya brusquement en poursuivant son chemin vers l'un des arbres morts que les pique-bois fréquentaient avec prédilection. Bien avant d'arriver à un point de mire d'où il pouvait les apercevoir clairement, Ti Frère en entendit deux qui martelaient le large fût à environ soixante pieds de hauteur.

Au lieu de s'avancer lentement vers le vieil arbre et d'y apposer son front comme il avait coutume de faire, il leva brusquement le fusil et visa un des oiseaux qui ne se doutait de rien. Puis, il dressa lentement son arme, sans perdre de vue sa proie, louchant le long du canon. «Prends le temps de viser avec soin» il entendait son grand-père lui dire à l'oreille. «Tire fermement sur la gâchette…» Ti Frère distinguait la voix si vivement qu'il croyait son grand-père derrière lui. Mais, virevoltant, il ne trouva personne. Il reprit ensuite soigneusement son point de mire, et commença à tirer doucement et fermement sur la gâchette. Puis, il fondit en larmes et baissa son fusil brusquement dans un geste de colère et le désarma. Il s'assit au pied du grand arbre, s'essuya les yeux et retira la cartouche du canon du fusil. Le pique-bois avait cessé son martèlement. Ti Frère regardait fixement autour de lui, il était stupéfié, inconscient de ses actions ou de l'état de ses pensées. Les yeux vitreux, il lui semblait que tout ce qu'il apercevait –les feuilles et les branches, la mousse espagnole et les troncs d'arbre lui paraissaient à distance égale, les objets lointains s'offraient à lui aplatis, télescopés par les lentilles d'une paire de jumelles puissantes en un plan unique.

Le garçon ne bougea ni ne cligna des yeux. Ce n'était qu'au martèlement renouvelé du pique-bois que Ti Frère sentit les vibrations passant de l'arbre le long de sa colonne vertébrale. D'un coup, la scène précédente s'évanouit et sa vision normale du monde concret se trouva restaurée.

Ti Frère rentra lentement à pied, sans savoir ce qu'il ferait ensuite. Il pénétra dans la maison sans faire de bruit, et la trouva vide. Octavie était dehors qui étendait le linge sur le fil tendu entre le poulailler et le jeune chêne, et Vieux Pop était en vadrouille dans son bateau d'ouvrage. Ti Frère fut surpris de ne pas avoir entendu démarrer le vieux moteur, certain qu'il avait été assez près pour entendre son toussotement.

Il entra dans sa chambre et remit les deux cartouches à plomb encore intactes dans leur boîte et ferma le tiroir. Il replaça le Remington sur le porte-fusil et s'allongea sur le lit, le visage tourné contre le matelas. Epuisé par la tension émotionnelle et le désordre de ses pensées, Ti Frère sentit de nouveau le tremblement du lapin qui expirait entre ses mains avant qu'il ne s'endorme. Levant la tête, il regarda autour de lui, à peine conscient d'une présence familière dans la chambre. Puis, s'enfonçant à nouveau dans l'oreiller à plumes, il s'assoupit.

Tard dans l'après-midi, lorsque Ti Frère s'éveilla, c'était aux mugissements de la vache qui demandait à se faire traire. Il quitta la maison sans parler à Aristile ou à Octavie qui étaient alors dans la maison, et s'occupa de la vache. Sans réfléchir, il tira le lait de la vache et lui donna à manger ainsi qu'à son veau. Lorsque Ti Frère rentra à la maison, sur la table à manger une assiette de nourriture chaude l'attendait. Sans ralentir, il y posa le seau de lait, ramassa son assiette et l'emporta dehors.

Maintenant que je sais la vérité, je mange mes repas sur la véranda devant la maison dehors. Je veux qu'il sache que je l'évite. Qu'il en pâtisse d'avoir abattu les arbres et de m'avoir raconté des mensonges! Qu'est-ce que ça peut me faire? Je vois du coin de l'œil qu'ils me regardent. Ils se font du souci. Qu'ils s'inquiètent!

Le lendemain matin avant l'aube, Ti Frère prit une décision hâtive: sans d'autres vêtements que ceux qu'il avait sur le dos, le garçon monta dans sa pirogue, appela son chien Mocassin et se mit à pagayer le long du bayou, suivant le courant. De son perchoir préféré sur la proue du petit bateau, Ti Bird inspectait tout ce qui pouvait l'intéresser, prêt à s'envoler. Aristile était parti plus tôt pour lever les filets qu'il avait posés dans la rivière la veille dans l'après-midi.

Ti Frère n'avait aucune destination en tête, sinon ressentait-il seulement le besoin urgent d'espace. Il pagaya quelques lieues, inconscient du temps et de l'espace. Lorsque le petit bayou se déversa dans un marécage, il le suivit, sans très bien savoir s'il était passé par-là auparavant. Il ne prêta guère attention à son entourage, il était si absorbé par ses pensées troublantes que la prudence lui importait peu.

Aristile revint plus tard dans la matinée avec sa prise de gaspergou, de poisson buffle et de poisson-chat. Mais dès qu'il franchit le virage du bayou qui lui permettait d'entrevoir la maison, il pressentit que les choses n'étaient pas à leur place. Octavie était assise sur la véranda devant la maison et regardait fixement l'eau. Elle se berçait doucement dans le vieux *rocking chair* qu'Aristile avait fait pour sa femme, il y avait de cela, un demi-siècle. C'était avec cette même chaise à bascule qu'elle avait tenté d'oublier son chagrin après la mort de Valsin, ainsi que celle qu'elle avait occupée jour après jour en attendant le retour de son mari Wilferd, absent depuis sa dernière tournée de braconnage. Aristile ne lui adressa pas la parole avant qu'il eut transféré sa prise dans le vivier plongé dans l'eau du bayou près de l'embarcadère.

«Cela peut t'apporter malheur de t'asseoir dans ce fauteuil» lui proposa-t-il.

«Tu savais qu'il allait se sauver, n'est-ce pas?» lui répliqua-t-elle. Elle continua à se bercer sans le considérer, les yeux fixés sur l'eau. Une pluie fine tombait et la surface du bayou tremblait avec l'impression incessante de menus cercles concentriques. Les ondulations débordaient les unes sur les autres, apparaissant et disparaissant aussitôt sous la trace nouvelle des gouttes de pluie. Octavie paraissait hypnotisée.

«Oui, je le savais. Toi aussi, tu le savais. On ne pouvait l'en empêcher si on l'avait attaché et enfermé dans l'étable. C'était quelque chose qu'il devait faire.»

Plus d'une heure passa avant que ne cessât le crachin et qu'Octavie n'émergeât de sa transe. Elle emporta sa bassine à linge sur la véranda devant, au lieu de s'installer derrière la maison où elle faisait d'habitude sa lessive. Sur le frottoir, elle se mit à frictionner avec méthode vêtement après vêtement, surveillant à la fois son père et le bayou profond qui coulait lentement devant elle.

Aristile, lui, s'engagea à faire divers petits travaux accaparants. Il fendit du bois de chauffage, répara ses filets troués, rapiéça une petite fente dans sa pirogue et remplit le réservoir d'essence de son bateau d'ouvrage, se doutant qu'il allait bientôt faire un voyage. Cependant, il était soucieux et distrait car il savait que Ti Frère l'avait rejeté et qu'il devait sûrement être perdu à cette heure.

Il avait prévu de jouer aux cartes ce soir-là et de faire frire du poisson-chat chez Crapeau Ardoin qui habitait à deux miles en amont du bayou. Quand en route pour poser ses carrelés, Crapeau passa prendre sa tasse de café de mi-après-midi, Aristile lui conta la fugue de son petit-fils, et annula le jeu de cartes et le poisson frit.

«T'avais raison, M'sieur Crapeau» lui confia Aristile, «j'aurais dû lui dire moi-même au cours d'une soirée tranquille quand j'aurais pu lui expliquer comme il faut nos vies à l'époque. Mais non, j'ai attendu. Il a trouvé une vieille photo de nous deux et des autres au site d'abattage de bois, et cela l'a tellement choqué qu'il était incapable de le supporter. Il m'a retrouvé sur la rive du bayou

avec cette foutue photo à la main alors que je venais de lever mes carrelés. Il l'a froissée et me l'a lancée en pleine gueule. Ensuite, il est allé s'enfermer dans sa chambre. J'aurai dû lui parler de ça plus tôt, c'était vraiment une erreur de ma part. Je croyais que quand il serait un peu plus vieux, ç'aurait été possible qu'il comprenne mieux.»

Il fit une pause: «Non, c'est pas ça» dit-il. «Ça, c'est une menterie de plus pour échapper à ce que je sais que j'aurais dû faire.»

Les deux amis finirent leur café en silence, assis sur le rebord de la véranda, leurs pieds reposant sur la terre.

«Le garçon t'aime, Steel. Il aurait compris assez bien, je crois —aussi bien que nous pouvons le comprendre, nous autres, de toute manière. Tu pourrais m'expliquer aussi, cette affaire, un jour si tu crois qu'tu peux.» Crapeau se dirigea vers son bateau, monta et quitta la berge.

«T'es un brave type, Steel» cria-t-il à Aristile. «Et t'es chanceux que je vais pas te prendre ton argent à la table de bourré ce soir, mon vieux. Garde ton accordéon chauffé, et on va jouer de la musique la prochaine fois. » Aristile continua à observer le bateau de Crapeau Ardoin jusqu'à ce qu'il ait dépassé le premier tournant du bayou avant de recommencer son travail.

Perdu

Alexon pagayait; il demeura inconscient des détails de ce qui l'entourait. Les aigrettes et les hérons l'observaient tandis qu'ils attrapaient des vairons dans les eaux peu profondes du bayou. Les loutres et les visons s'écartaient pour laisser la place à la grande pirogue où se trouvait assis le garçon, le chien et le faucon. Une panthère noire se tapissait sur une branche, espérant que l'étrange équipage passe près d'elle. Ti Frère ne vit pas le gros animal bien qu'il ne soit passé qu'à vingt mètres de l'endroit où la panthère l'attendait en silence. Pourtant, Mocassin sentit le fauve et se mit à gronder pour avertir son maître du danger. Ti Bird s'envola pour observer la panthère de haut, mais Ti Frère demeurait inconscient de la présence de l'animal et du danger évité par pure chance, jusqu'au rugissement de frustration de celui-ci. Ti Frère sursauta. Se retournant, il s'arrêta pour regarder cet animal dont il avait tant entendu parler mais qu'il n'avait jamais vu —une créature sauvage sortie de ses rêves d'antan.

La notion qu'il était perdu effleura peu à peu sa conscience, aussi furtivement qu'une panthère rampant vers un faon. Il savait qu'elle était là avant de s'autoriser d'y penser, et même alors, il repoussa cette pensée comme si elle ne lui importait pas. Mais alors que le jour s'avançait, et que la lumière commençait à faiblir, ses muscles fatigués commençaient à le faire souffrir. Il se résolut enfin à faire un arrêt, puis regarda autour de lui. La pensée qu'il était irrémédiablement perdu s'insinua et Ti Frère sentit un vide au creux du ventre qu'il savait être la peur.

L'élan donné par sa pagaie propulsa la pirogue dans une petite clairière entre les arbres. Ti Frère s'étendit dans le fond de la pirogue, épuisé. Il fixa son regard sur le ciel lourd de nuages. Mocassin lécha la plante des pieds du garçon, émettant un gémissement. Il ne savait que faire de son maître qui n'avait pas un comportement normal. Une bruine fine tombait.

C'est tout à fait le genre de jour décrit par Vieux Pop. Il est facile de se perdre par une journée comme celle-ci —il n'y pas plus de lumière d'un côté que de l'autre. Je me perdrais même s'il y avait plein soleil. Je n'ai aucune idée du temps qui est passé depuis que je suis parti, ni de la direction que j'ai prise. Comme mon père disait: «Les pirogues ne laissent pas de traces.» C'est possible que j'aie tourné en rond depuis une heure ou plus. Ça doit être le marécage Buffalo.

Mocassin me lèche les pieds: ça commence à me chatouiller, mais je suis trop fatigué pour les retirer. Je peux seulement les bouger d'un côté à l'autre pour lui montrer que ça m'agace. Il s'arrête enfin, distrait par un poisson ou quelque chose qui a sauté, faisant un éclaboussement bruyant près du bateau. Je ne peux pas voir Ti Bird de là où je suis couché: il doit être dans un arbre ou en train de voler pour inspecter ce territoire étranger. Je crie: «Trouve-moi un grand arbre à grimper, Ti Bird» et ma voix est enrouée. Elle fait un son étrange au milieu du silence profond de la nature. Mocassin sursaute en entendant cet éclat si sonore et se réfugie à l'autre bout de la pirogue. Il va falloir que je fasse ce que Vieux Pop m'a dit de faire, grimper sur l'arbre du coin le plus haut et commencer à chercher le cyprès géant que Monsieur Choupique a refusé d'abattre. Ce serait facile de s'endormir ici et de se reposer, mais je ne me réveillerais peut-être pas avant qu'il ne fasse noir, et alors je ne pourrais pas trouver l'arbre géant. Même si je le voulais, Mocassin ne me laisserait pas dormir.

Ti Frère se dressa sur un coude et regarda autour de lui. Pour la première fois depuis qu'il était parti le matin, il voyait les choses distinctement. C'était comme Vieux Pop lui avait prédit: tout se ressemblait dans chaque direction: de jeunes cyprès ici et là, des souches et des souches, la plupart portant la trace des entailles qui servaient à fixer les tremplins. Depuis ces plate-formes temporaires, les bûcherons avaient abattu les arbres géants sans défense. «Comment a-t-il pu faire cela?» se demanda le garçon. «Comment pouvait–il me parler des arbres géants et me décrire leur beauté inouïe, quand il était lui-même l'un des bûcherons? Je ne sais plus qui il est. Il m'a menti. Je le hais. Je déteste Monsieur Crapeau et Monsieur Seed et tous les autres.» Ti Frère essuya brusquement une grosse larme qui lui coulait du visage. En colère, il se releva, et se mit à chercher un grand arbre mort à escalader.

L'horizon ne lui offrait que les grands arbres dont le tronc était creux et mort. On ne pouvait en extraire des planches, donc ces arbres n'avaient eu aucun intérêt pour les compagnies d'abattage. A la fin des années 1800, à l'époque où les équipes de bûcherons arrivèrent, ils étaient déjà creux. Pourtant, quasiment inchangés, ils se dressaient là, génération après génération, certains portant encore quelques feuilles vertes et des branches éparses en vie. Ti Frère mit peu de temps à trouver un arbre qui lui paraissait suffisamment solide et grand pour lui offrir la vue de l'horizon dont il avait besoin. Ti Bird était perché sur la plus haute branche, et l'appelait –comme s'il avait découvert l'arbre lui-même et qu'il voulait y mener Ti Frère. En vérité, il ne faisait que se distraire en explorant le nouveau territoire et n'avait aucunement idée qu'ils s'étaient égarés. *«Si j'avais les yeux et les ailes de Ti Bird, je n'aurais pas à monter dans un arbre»* pensait Ti Frère, las. Il attacha sa pirogue à une branche en bas du gros arbre mort et, caressant la tête de son chien avant de s'extraire de la pirogue, il se mit à l'escalader.

D'abord, l'arbre était facile à grimper, proférant encore de nombreuses branches solides pour les mains et les pieds de Ti Frère. Mais lorsqu'il arriva plus haut, il chercha les trous faits par les pique-bois, récupérés ensuite par les canards branchus qui y abritaient leurs nids. A un moment —à une quarantaine de pieds de hauteur—Ti Frère glissa, manquant tout juste de tomber lorsqu'une branche avec laquelle il se hissait se brisa. Il eut juste le temps de s'accrocher à un trou de pique-bois en dessous pour éviter de chuter. Nerveux, Mocassin gémissait et tournait lentement la tête d'un côté à l'autre, observant Ti Frère qui se reposait avant de recommencer à grimper. Ti Frère s'arrêtait tous les deux ou trois pieds pour scruter l'horizon dans l'espoir d'apercevoir le cyprès géant, sachant toutefois qu'il lui faudrait grimper plus haut.

Ti Bird surveillait d'en haut et Mocassin d'en bas tandis que Ti Frère faisait de grands efforts pour se frayer un chemin vers le haut du gros tronc, espérant que l'ouverture où il mettait la main ou le pied serait vide et non pas l'entrée du repaire d'un ragondin irascible ou d'un serpent venimeux. Une fois, il tomba sur quelque chose de froid quand il plaça la main droite dans une ouverture vers laquelle il devait se tendre. La sensation lui fit un tel choc qu'il faillit tomber. Une fois arrivé au niveau de l'ouverture, il put observer une partie des anneaux de l'animal qu'il avait touché. C'était un serpent mangeur d'œufs –inoffensif. Il l'observa quelques secondes, soulagé, car il n'y aurait pas eu moyen d'éviter de passer par-dessus la cavité pour aller plus haut. Bien qu'il sache que ces serpents consommaient beaucoup d'œufs de canards des bois, il ne s'en soucia pas. Ce n'était qu'un des nombreux aspects de la nature sur lesquels les gens étaient impuissants, à son avis.

Enfin, à une hauteur d'environ 110 pieds, Ti Frère réalisa qu'il avait dépassé les cimes des arbres qui l'entouraient. Il avait grimpé tout en haut du vieil arbre —plus haut qu'il ne fallait. Il s'était tellement concentré à escalader l'arbre sans glisser qu'il avait oublié de regarder autour de lui quelques instants. Il se mit à scruter l'horizon à sa droite, tournant lentement jusqu'à ce qu'il aperçoive par-dessus son épaule gauche, la partie supérieure de l'arbre géant dont avait parlé Vieux Pop qui s'élevait de cinquante ou soixante pieds au-dessus la cime des arbres. «Quel monstre!» pensa-t-il. «Il doit être à deux miles, mais même d'ici, c'est une chose énorme.» Il regarda vers le bas. «Je le vois, Mocassin, je le vois clair comme le jour! Il est à un ou deux miles dans cette direction, seulement !» Ti Frère montra l'arbre du doigt, et le gros chien se mit à aboyer, partageant l'émotion du garçon. La couverture nuageuse avait commencé à se dissoudre, et Ti Frère put apercevoir une lueur dans le ciel au-dessus et derrière le gros arbre et il comprit que c'était la lumière du soleil couchant.

Il est souvent plus dangereux de descendre d'un arbre que d'y grimper, mais le fait d'avoir repéré l'arbre géant du récit d'Aristile avait donné au garçon une énergie nouvelle. Il était toujours perdu mais non sans espoir, et il descendit sans incident.

Quand, en sueur, il remit le pied dans sa pirogue, il fut accueilli par un Mocassin surexcité. Le chien lui lécha la figure et courut d'un bout à l'autre du petit bateau, manquant tout juste de le faire chavirer. Enfin, il se coucha en face du garçon épuisé, se contentant de remuer seulement la queue. En reprenant sa pagaie, Ti Frère prit conscience d'une raideur qui n'avait pas quitté ses muscles, résidu de la tension causée par la dangereuse descente le long du vieux tronc. Il s'assit et attendit que la raideur passe. Ensuite, il se mit à pagayer dans la direction de la lumière décroissante, sentant la fraîcheur de la nuit imminente sur sa peau encore humide. De tous les côtés, il voyait d'énormes souches: c'était comme l'avait décrit Vieux Pop. Le marécage Buffalo avait les plus grands cyprès de tout le Bassin Atchafalaya.

Je me demande quels sont les arbres que Vieux Pop a abattus —et Monsieur Clairmille et Monsieur Choupique. Je me demande où sont partis les oiseaux qui y vivaient, ainsi que les écureuils et les ratons laveurs. Les oies migratrices canadiennes ont dû penser qu'elles étaient perdues; tant les choses devaient paraître différentes vues du ciel comme elles l'étaient d'ici-bas.

Une bande de canards des bois volait en cercle au-dessus de Ti Frère, et il entendit le sifflement de leurs battements d'ailes. Se glissant dans l'eau à une bonne distance du garçon solitaire et de son chien, ils se retournèrent pour le regarder tout en nageant vers les bois. Aucun bruit ne se fit entendre excepté celui d'une paire de hiboux qui s'interpellait au loin, et de temps à autre, le bruit sourd que faisait la pagaie de Ti Frère contre la paroi de sa pirogue. Sur la gauche, un pique-bois se mit à tambouriner subitement sur un tronc creux. Le son détonnait dans le silence profond tout autour.

Ti Frère continua à pagayer, lentement, car il ressentait une grande lassitude. Il voulait atteindre le géant avant d'être surpris par l'obscurité complète, mais il savait le soleil déjà couché. En regardant autour de lui, il lui sembla que la cyprière devenait plus claire, et quand, enfin, il se retourna pour regarder dans la direction de l'arbre qu'il avait grimpé, il vit que le ciel s'était dégagé et que la cyprière était inondée d'une lumière jaune de la pleine lune la plus énorme qu'il se rappelait avoir vue. Il pagaya avec assurance, tandis que la lueur déclinante du soleil cédait lentement la place à la lumière bleue, enchantée, de la lune montante.

Quand enfin, il arriva à un point d'où il pouvait apercevoir l'arbre recherché, Ti Frère vit qu'il était encore plus grand qu'il ne l'avait imaginé. Il posa sa pagaie et se laissa dériver un moment, immobile,  frappé par une vision qui —jusqu'à présent— n'avait existé que par le jeu de son imaginaire. L'arbre semblait luire dans la lumière bleue. Il pensa: «C'est irréel. Le clair de lune joue peut-être des tours à ma vision.» Ti Frère s'approcha de l'arbre dont la base reposait hors de l'eau sur un tout petit îlot peu élevé. Alors, il pagaya tout autour, comme pour s'assurer que l'arbre était réel, à trois dimensions. «Pas étonnant que Monsieur Choupique a défendu cet arbre! Ce serait un péché de détruire une telle chose.» Ti' Frère observa qu'aucune liane ne pendait de l'arbre.

Il accosta sa pirogue parmi les racines aériennes du cyprès, à la base de l'arbre géant et descendit. Il allait passer la nuit là et le matin il essayerait de trouver le passage vers le Bayou à 600 Dollars, celui que Vieux Pop lui avait décrit.

Il avança jusqu'au tronc massif et frôla des doigts l'écorce. Il y frappa avec le dos de la main comme si c'était une porte. Il fit le tour, examinant autant de détails que le clair de lune le lui permettait. Mocassin le suivait pas à pas.

Ti Frère retourna à son point de départ, s'assit par terre contre l'arbre, et regarda le marécage qui l'entourait, éclairé par la lune. Une brise légère agitait doucement la mousse espagnole, et tout autour de lui des reflets d'argent miroitaient sur la surface de l'eau. Ce n'était qu'alors, durant ce moment de tranquillité, de repos et de sécurité que Ti Frère se rappela qu'il n'avait pas mangé depuis tôt le matin. Cela ne lui ressemblait pas de partir pour un long voyage sans prendre quelque nourriture. Il la fourrait à l'avant de sa pirogue sous un imperméable où Mocassin et Ti Bird ne pouvaient l'attraper —un sac en papier avec des petits pains au four froids ou une patate douce au moins, sinon un sandwich de venaison avec du pain fait par sa mère ou du poulet frit ou autre. «Comment ai-je pu être si inconscient? Bien sûr, je n'avais pas prévu de me perdre, mais j'aurais dû emporter quelque chose à manger, quand même.» C'était son ventre qui parlait, il le savait. En fait, il se rappelait bien à quel point il avait été en colère ce matin, il n'avait pas eu la tête à penser à la nourriture quand il s'était éloigné de la maison en pirogue. Par contre, maintenent il y pensa et se serra, les genoux contre la poitrine, espérant ainsi comprimer son estomac jusqu'à ce que le vide cesse de creuser le ventre.

La brise tomba, et il se forma un brouillard si épais qu'il se condensa sur les feuilles de l'arbre, tombant dans l'eau autour de la petite île comme des gouttes de pluie au ralenti, résonnant dans le silence de la nuit. Dans le ciel, un avion passa très haut. Ti Frère suivit son rugissement sourd, bien qu'il ne puisse voir aucune lumière à cause du brouillard.

Peut-être qu'il n'a pas mis ses phares du tout. C'est peut-être un bombardier allemand qui cherche une ville sur laquelle faire tomber ses bombes. Il y a seulement trois ou quatre ans, pendant la guerre, il fallait réduire les lumières et toutes les petites villes avaient un «couvre-feu» parce qu'on pensait que les avions allemands pouvaient venir lâcher des bombes. Ça faisait peur, et je me souviens que j'étais content parce que notre toit était couvert de bardeaux de cyprès qui ne réfléchissent pas la lumière de la lune comme le font les toits en tôle. On connaissait un homme qui, un jour, est tombé des nues un coup et s'est installé avec sa famille à un mile environ de chez nous en amont du bayou. Ils vivaient dans un vieux bateau ravitailleur qu'on avait tiré sur la berge. Il venait de temps en temps nous emprunter des outils, et on l'aimait tous. Il parlait le bon français, on pouvait se comprendre assez bien. Il se trouva que c'était un espion pour les Allemands, et on l'arrêta juste avant la fin de la guerre. Un jour, un pêcheur l'avait vu traîner autour d'un cyprès creux, et quand il fut parti, le pêcheur avait trouvé un tas de matériel de radio caché à l'intérieur de l'arbre. Il y avait des bruits qui couraient comme quoi des sous-marins allemands remontaient la rivière Atchafalaya venant du Golfe du Mexique et qu'ils achetaient du carburant chez les gens qui parlaient français à Morgan City, là-bas près de l'embouchure de la rivière. J'arrive pas à le croire.

Si un homme est un espion allemand, est-ce que ça fait de sa femme une espionne aussi? Ils avaient trois ou quatre enfants. Est-ce qu'ils étaient des espions? Elle a eu des jumeaux quand elle était dans les parages. Les jumeaux étaient-ils des espions? Des jumeaux espions, des espions bébés. Des bébés espions?

La terre tourna sur son axe se précipitant dans l'espace, créant et consumant le temps au passage. Les pensées d'Alexson se détournèrent rapidement de l'absurdité outrancière de la guerre vers la beauté pacifique de la nature quand il entendit, très haut, les voix d'un vol d'oies canadiennes, qui émigraient au sud vers les marécages de la Louisiane. Il n'arriva pas à les voir malgré la clarté de la nuit —car le brouillard du début de la soirée s'était levé, mais il entendit distinctement leurs voix pures dans le silence profond de la cyprière. Il sourit de reconnaissance, se souvenant de leur beauté majestueuse.

Le garçon ne pouvait pas dormir. Il continuait à fixer le marécage, étudiant les détails étranges des arbres et des souches éclairées par la lune. Il se souvint, presque soudainement que c'était dans cette cyprière même, le marécage Buffalo qu'on disait que son père avait disparu. Il sentit le frisson d'angoisse que cette pensée provoquait, et réalisa qu'il n'avait pas pensé à Wilferd depuis plusieurs jours. Au début de l'automne il avait questionné son grand-père à propos de Wilferd, et maintenant il se rappelait la conversation:

«Vieux-Pop, pourquoi Big Mom appelle-t-elle mon père 'Ce bon à rien, ce bâtard de Shellgrave? » demanda Ti Frère un jour alors qu'ils marchaient dans les bois une après-midi, cherchant des traces de chevreuils.

«Ah! tu sais comment elle est, ta grand mère, hein? Il serait difficile de trouver un homme assez bon pour plaire à Eulalie Guilbeau.»

«Mais une fois je l'ai entendu dire à ma mère que si jamais mon père sortait vivant du marécage en rampant elle lui donnerait elle-même le coup de grâce.»

Aristile s'arrêta et indiqua les traces d'un chevreuil plus grand que normal, mêlées avec les empreintes plus petites, en forme de cœur, laissées par plusieurs biches.

«Le chevreuil mâle marchait loin en arrière des femelles. Il les laissait prendre tous les risques» dit-il.

«Est-ce que mon père était un homme méchant?» demanda le garçon, refusant de regarder les traces.

«Viens t'asseoir un bout de temps avec moi sur ce rondin» dit Aristile. Il indiqua le fût d'un érable rouge qu'un ouragan avait aplati en septembre l'année d'avant. Lorsque les deux amis furent installés, Vieux Pop commença: «Il est difficile de juger si un homme est bon ou mauvais. Ton père était le dernier de onze enfants, et la famille était pauvre, très pauvre. La vie n'était pas facile, et il fallait qu'il lutte pour tout: de quoi manger à table à un siège dans le bateau quand la famille allait à la ville. Il devint bagarreur —il n'avait pas le choix. Je l'ai vu grandir. Il se disputait toujours avec quelqu'un: les gosses des voisins, ses propres frères et sœurs. C'est comme ça qu'il a grandi, il a toujours manqué de tout. Son père, ton autre grand-père, passait des journées à travailler loin de la maison, là où il pouvait gagner quelques dollars. Les temps étaient vraiment durs.

«Ton père avait toujours eu des grands rêves d'une vie plus facile. Il a commencé à faire des choses qu'il n'aurait pas dû faire. Même quand il était petit, il prenait des affaires aux gens qui avaient plus de choses que sa famille. Et, quand il lui arrivait de tuer plus de chevreuils que les Shellgraves ne pouvaient manger, il en abattait un de plus et trouvait quelqu'un qui lui achèterait la viande. Au bout d'un certain temps, il prenait des commandes pour de la viande de chevreuil, pour des canards, des écureuils, des poissons protégés contre la vente par la loi, tout ce que les gens voulaient payer. Il vaut mieux que je te le dise, parce que, sinon un autre va te le dire, si moi je le fais pas, tu sais?

«Wilferd avait passé beaucoup de temps dans les cyprières tout seul, et il savait où chasser les animaux et les oiseaux qu'il pouvait tuer et vendre ensuite. Le gibier était abondant et il se disait que ça ne ferait de mal à personne s'il prenait plus que sa part. Il était bon chasseur, mais la loi le poursuivait toujours, et il est devenu un peu méchant et impatient. Il n'a jamais trouvé la vie facile qu'il cherchant tant, tu sais?»

«Est-ce qu'il va rentrer un jour, Vieux Pop? Est-ce que tu crois qu'il est mort?» Ti Frère se retournait pour regarder le petit chemin qu'ils venaient de suivre.

«Je ne sais pas, mon garçon. Je crois pas qu'il va revenir. Mais, à vrai dire, je ne sais pas.»

«Maman ne veut jamais me parler de lui.» C'était une question.

Aristile ne dit rien. Il regarda la piste où Ti Frère avait encore les yeux fixés. Il n'avait plus envie de dire quoi que ce soit au sujet de Wilferd Shellgrave.

Rêves

Enfin le garçon finit par s'assoupir avec Mocassin lové contre son dos sous le regard de dizaines d'oiseaux silencieux et d'animaux qui les regardaient

du haut des branches de leur gros arbre. Ti Bird était perché sur la poupe de la pirogue, surveillant le mouvement des poissons dans l'eau claire et peu profonde, éclairée par la lune.

Pendant deux ou trois heures, Ti Frère dormit d'un sommeil profond, trop épuisé pour ressentir le manque de confort de l'endroit rugueux où il était couché. Puis, il fut réveillé par le cri rauque et effrayé d'un grand héron bleu qui, venu se percher sur sa branche basse préférée, réalisa au dernier moment que, juste en dessous, il y avait un garçon, un chien, et une pirogue avec un faucon. Ti Frère s'assit et se frotta les yeux, se demandant ce qui l'avait réveillé. Puis, il se retourna et s'endormit de nouveau, mais cette fois son sommeil fut troublé par des rêves. Il se vit debout au pied du gros arbre, comme il l'avait fait plus tôt cette soirée, frappant sur le tronc comme sur une porte. Mais cette fois-ci, une poignée ronde de porte apparut, ainsi que le contour d'une porte. Il tourna la poignée et tira; la porte s'ouvrit et il rentra dans l'arbre, dans une pièce bien éclairée à l'intérieur du tronc, une salle remplie de nourriture—des boite de Spam et des pâtés en croûte, des paquets de crackers non salés à côté de boîtes des meilleures sardines, des plats de boudin, de saucisses et de canard rôti, de riz garni et de patates douces beurrées, de poisson-chat frit et de gumbo au poulet, et des montagnes d'écrevisses et de crevettes fumantes, de baguettes de pain chaud et du beurre baratté à la maison. Ti Frère mangeait, tout en marchant d'une table à l'autre, sans jamais se remplir, goûtant à tout.

Il y avait une autre salle, semblable à l'une des pièces de sa maison, et sa mère assise près d'une fenêtre, ses gros souliers de travail aux pieds, avait un beau sourire au visage. Il s'avança vers elle et lui prit la main, mais elle ne sembla pas le remarquer. Elle regardait de l'autre côté de la pièce où son père était en train de fouiller dans la vieille malle, cherchant quelque chose avec frénésie, jetant vêtements, papiers et vieilles photos de toutes parts. Ti Frère regarda de nouveau Octavie et réalisa qu'elle avait caché quelque chose à Wilferd et que son sourire était un signe certain qu'elle savait qu'il ne le trouverait jamais.

La photo de Vieux Pop et de ses confrères bûcherons atterrit aux pieds de Ti Frère. Il la ramassa et la remit dans le vieux coffre, mais son père la sortit à nouveau tandis qu'il cherchait la chose qu'il ne trouvait pas.

Ti Frère s'avança vers la fenêtre au fond de la pièce et regarda dehors, mais au lieu de la cour arrière familière avec sa corde à linge, son poulailler et le reste, il y avait une étendue d'eau sans fin avec des bateaux à voile à l'ancienne et des mouettes.

Quand le garçon se retourna, Wilferd et Octavie étaient partis, et lorsqu'il pénétra dans la première salle, toute la nourriture avait disparu. C'était comme l'intérieur d'un arbre creux mais grand, comme une pièce dans un vieux château anglais qu'il avait vue en photo dans une revue chez Big Mom. Il chercha partout la nourriture, mais il ne restait pas même une boîte de pâté en croûte, et son estomac se mit à le faire souffrir au point qu'il se réveilla et se rappela où il était. La lune brillante était pratiquement au-dessus de lui. Ti Frère marcha jusqu'au bord de l'eau et se mit à quatre pattes, les mains dans l'eau. Il abaissa la tête jusqu'à ce qu'il effleure la surface des lèvres, puis il but les reflets épars de la lune.

Il se rendormit rapidement. Dans le rêve suivant, il marchait sur un sentier qui traversait un grand pâturage près de l'école où il allait dans la petite ville. Tout d'un coup, il vit deux niveleuses arriver en volant, elles étaient énormes et motorisées comme celles qu'il voyait aplanir les trous sur la route de gravier et de coquillages qui menait à l'école. Elles volaient

comme l'un de ces avions pulvérisateurs qui saupoudraient les champs d'insecticides, mais elles n'avaient pas plus d'ailes que les niveleuses qu'il avait vues. Puis, elles se mirent à jeter des morceaux de papier qui, contenaient un message pour lui, Ti Frère en était sûr, mais le vent les faisait s'envoler dans les arbres au bord du champ de pâturage. Quand il pénétra dans la forêt tout en courant pour recueillir une de ces feuilles, elles avaient disparu. Chaque fois qu'il en voyait une tomber entre les arbres, il essayait de la prendre au vol, mais dès qu'elle touchait le sol, elle s'évanouissait. Il n'arrivait pas à en attraper une à temps. Frustré et épuisé, les pieds nus écorchés et meurtris, il se mit à pleurer. Ti Frère se réveilla en sanglots, son visage était baigné de larmes réelles. Il ne savait comment interpréter le rêve, ni pourquoi cela le rendait si triste de ne pas avoir pu lire le message.

Se sentant bien seul, le garçon se leva et fit le tour du gros arbre à nouveau. Maintenant, il n'avait plus seulement faim, il avait froid. Novembre tirait à sa fin, et l'hiver arrivait en peu de jours. Il n'avait pas de vêtements en réserve dans son bateau, mais il y trouva un vieux gilet de sauvetage sur lequel il s'asseyait parfois. Alors, il le sortit de la pirogue et s'en recouvrit du mieux qu'il put, et se mit en chien de fusil contre le gros arbre. D'un œil lourd de sommeil, Mocassin le regarda un moment, puis tous deux s'endormirent comme avant.

Cette nuit-là, pendant que Ti Frère se débattait avec la faim, le froid et ses rêves sous l'arbre géant, Vieux Pop arpentait les pièces de la cabane.

«Tu n'arrives pas te calmer, Pop? » demanda Octavie. Elle était assise dans un coin de la pièce principale et fabriquait des pièges à écrevisse avec du grillage fin et des pinces en acier.

«Je suis tracassé » avoua Vieux Pop. «On ne peut rien faire maintenant.» Il se mit à couper des oignons sur la table.

«Tu m'as dit que c'était tout bien» lui rappela-t-elle. «Tu m'as dit qu'il connaît les cyprières assez bien. Ca va aller.»

«C'est ça j'ai dit, mais moi aussi, je me trouve un peu tracassé. Il a seulement douze ans, et même Wilferd a disparu là-bas, quand même qu'il connaissait bien les cyprières.»

«T'après essayer me faire peur, Pop?» demanda Octavie, son joli visage inquiet.

«Non. J'arrête» répondit Aristile. Il laissa les oignons et se mit préparer le poêle pour faire cuire un rôti de venaison. Les sandwiches aux tranches de venaison étaient parmi les mets préférés de Ti Frère. Le canard rôti était ce qu'il préférait le plus, mais il était encore trop tôt dans l'année pour chasser le canard, et le vieux cuisinier chevronné n'avait pas de canard à faire rôtir. Il savait qu'il n'arriverait pas à dormir cette nuit, et il avait commencé à trouver des choses à faire pour s'occuper. A la première clarté de l'aube, il partirait pour le Bayou à 600 dollars où il espérait trouver son petit-fils.

Il était plus de minuit quand Octavie, épuisée par le travail et par les soucis, cessa de fabriquer des pièges et se prépara pour aller se coucher. Elle rangea ses outils et ses pinces dans un vieux panier en osier placé à même le sol près de sa chaise.

«Fais attention demain, Pop. Je vais t'attendre ici. Et j'aimerai donner à manger à deux hommes ici demain soir.»

Les hommes? J'ai déjà nourri deux hommes. Je me suis donnée en pâture à eux—Valsin et Wilferd. Pour quoi? Le marécage et la rivière me les ont pris tous les deux. Je me suis donnée en pâture à eux, ils se sont donnés en pâture à la rivière. Maintenant Ti Frère est parti. Qu'est-ce que je peux faire? S'il te plaît, Grand Dieu, c'est Octavie ici-bas sur le bayou. Faites que mon fils revienne à la maison, sans dommage, d'accord?

«Pop, est-ce que je peux faire quelque chose? Je ne sais pas où tu vas, et je sais que tu veux y aller tout seul, mais peut-être que je peux aller chercher dans une autre direction.»

Aristile leva la tête de là où il était accroupi devant le poêle, le rembourrant de bois sec. Il sourit et fit un clin d'œil, essayant de masquer sa propre appréhension.

«Non, 'Tite Fille, c'est mieux que tu restes ici au cas où il retrouverait son chemin. Autrement, je crois que je sais là où il va sortir.»

Le dernier rêve de Ti Frère fut le plus étrange. Il se demanderait plus tard si cela avait vraiment été un rêve. Le ciel se couvrit et s'obscurcit, et un vent fort commença à souffler, créant un étrange gémissement presque humain montant et descendant le long des cimes des arbres et de la surface de l'eau. Ti Frère se vit allongé sur la terre à la base de l'arbre, et il se vit en même temps debout avec l'arbre derrière lui. Il sentit que quelque chose venait dans sa direction, quelque chose d'étrange et de puissant et qui n'était pas aussi amical qu'il l'aurait souhaité. Pendant ce qu'il lui semblait des heures, il n'y eut que le vent et le son du gémissement, parfois comme un sifflement, parfois un râle. Enfin, un énorme oiseau vint planer parmi les

arbres: il ressemblait à un faucon, tournant de-ci de-là pour éviter les troncs et les branches. Il luisait, comme éclairé de l'intérieur par une lumière brillante.

Ti Frère baissa les yeux et vit une mare sans fond à ses pieds. Des profondeurs, un énorme poisson blanc surgit, chacune de ses écailles brillaient comme les plumes du faucon qui tournoyait alors lentement autour du géant, et ne quittait jamais des yeux le visage de Ti Frère. A sa droite, il sentit encore une présence, et se tourna pour apercevoir un chevreuil —un mâle d'un blanc pur qui se tenait à l'autre bout de la petite île, immobile comme une statue. Le chevreuil rayonnait, lui aussi, d'une lumière intérieure.

Jamais dans la courte vie de Ti Frère avait-il vu de pareilles créatures, aussi se mit-il à trembler de peur, reculant en se pressant contre le gros arbre. Il avait le sentiment que le faucon allait s'abattre sur lui, mais qu'il ne pouvait se cacher. Le poisson extraordinaire remontait à la surface de la mare à ses pieds et, ce n'est qu'alors qu'il vit là les dents acérées dont ses mâchoires étaient alignées. Le chevreuil baissa la tête pour charger et enfoncer ses bois pointus au travers de Ti Frère, jusque dans le gros arbre.

Ti Frère s'efforça de se réveiller. A maintes reprises, il ferma et ouvrit les yeux, mais à chaque fois la scène demeurait inchangée, et le vent sinistre continuait à secouer les arbres avec un gémissement de plus en plus assourdissant. Ti Frère balançait la tête d'un côté à l'autre : «Pourquoi moi?» hurla-t-il. «Qu'est-ce que j'ai fait?» Puis, il vit son grand-père debout sur la petite île à sa gauche, luisant comme les autres créatures. «Vieux Pop!» cria-t-il, mais lorsque le garçon se mit à courir vers son grand-père, il trébucha et tomba. Se relevant avec difficulté, il leva les yeux et vit que le vieil homme était parti. Il se retourna rapidement pour faire face aux esprits qui attaquaient—s'il s'agissait bien de cela—mais eux aussi étaient partis. Il n'y avait qu'une perche dans l'eau près de sa pirogue, et parmi les arbres à cinquante pieds à peine de là un superbe chevreuil qui se promenait. Ti Bird tournait en cercle là-haut et appelait, ses ailes baignées par les rayons dorés du soleil levant. Ti Frère marcha jusqu'à l'endroit où il avait vu Vieux Pop debout, mais la terre était jonchée d'aiguilles de cyprès et il ne trouva aucune empreinte. Puis, il s'avança au bord de l'eau, et s'y accroupit. S'éclaboussant les yeux et le visage, il essaya de savoir si le rêve était terminé, ou si même cela avait été un rêve.

Le ciel était clair, et un brouillard bas s'accrochait à la surface de l'eau. Alors qu'il se séchait les yeux sur la manche de sa chemise, il se tourna et regarda vers l'ouest. Là, il vit le passage décrit par Vieux Pop, un tracé comme un tunnel formé lorsqu'on avait traîné les énormes fûts à travers les cyprières, il y avait plus de soixante ans.

Dans la lumière du petit matin, Ti Frère se tourna pour regarder l'arbre géant maintenant qu'il était éclairé par le soleil. Il frôla des doigts l'écorce à l'endroit où une porte s'était ouverte à lui durant la nuit. Pénétrer à l'intérieur de l'arbre avait été un rêve, mais cela lui semblait aussi réel que n'importe quel événement de sa vie, et les esprits luisants, aussi étranges qu'ils étaient, semblaient même encore plus réels qu'autre chose, bien qu'il soit loin de commencer à comprendre ce qu'ils pouvaient bien signifier. Il lui suffisait de fermer les yeux pour tout conjurer dans son esprit, ce qu'il avait vécu au cours de la nuit. Il trouva difficile de mettre de côté les images gravées dans son esprit et d'entrer dans la journée qui progressait autour de lui. Il fit encore une fois le tour complet du gros arbre, en levant la tête pour contempler l'immense fût. Parmi les branches, juste au-dessus de sa tête, il

rencontra le regard d'un jeune raton laveur qui l'observait.

Des hauteurs de l'arbre, il vit un hibou bigarré que son regard fixe mettait mal à l'aise. Le hibou tourna la tête nerveusement avant de s'envoler vers un arbre à proximité. A une centaine de pieds au-dessus du garçon, une paire d'écureuils roux bavardait joyeusement et se poursuivait de branche en branche. Enfin, quand Ti Frère se fut rassuré que le géant était aussi réel qu'il l'était, lui-même, Ti Frère s'avança lentement vers sa pirogue. Mocassin s'était déjà installé confortablement au centre du bateau, et Ti Bird s'était perché à l'avant, prêt à continuer le voyage

à travers ce nouveau territoire.

L'esprit embrouillé par les événements de la nuit et affaibli par le manque de nourriture, Ti Frère avait déjà commencé à pagayer vers le chenal en forme de tunnel. En quittant le géant, il se rappela qu'il voulait chercher la cognée de hache plantée dans la souche où Wilson s'était probablement assis le jour où le sort du grand arbre avait été décidé. Il se retourna et aperçu trois objets plus distinctement que tout autre chose dans la vaste cyprière : l'énorme arbre dont le tronc lui avait servi de support lorsqu'il avait dormi, une souche incroyablement grande à quarante pieds environ sur la gauche— *ça a du être le détenteur du record de M. Choupique, celui qui avait 1.869 ans*—et une autre souche immense sur la droite où Wilson avait probablement était assis en fumant, attendant que son équipe récalcitrante abatte le dernier gros arbre.

La cognée de hache dépassait encore de la souche, bien qu'une partie de l'aubier ait pourri et qu'on l'apercevait plus que le jour où elle s'était coincée. Le garçon voulut retirer la cognée —rouillée à présent— afin de l'emporter chez lui, mais il estima qu'il devait plutôt l'abandonner là où elle était demeurée toutes ces années. Ti Frère atteint la plus grande des deux souches en pagayant. Il sortit de la pirogue en posant le pied dans l'eau peu profonde. Puis, il plaça un pied nu dans un ancien trou de tremplin, et se hissa jusqu'à la surface plane de la souche. Les cercles annuels se distinguaient alors par des centaines de petites arrêtes, le bois plus tendre dans les interstices avait fini par se désintégrer. Ti Frère mit son index droit au centre exact de ce qui avait été le cœur même du vieil arbre : «71 après Jésus Christ» dit-il à voix haute.

Puis, il s'allongea le dos contre la souche et contempla le soleil du matin. Très haut au-dessus de lui, un autre vol d'oies passait. Il se mit à les compter. «La migration est un mystère» avait dit Vieux Pop. Ti Frère se rappelait exactement quand il l'avait dit. C'était une semaine avant Noël l'année passée. Ils étaient assis autour du poêle, et Aristile acérait la lame brillante de son couteau à manche d'os qu'il avait affilé tant de fois au cours des années qu'il lui restait plus de manche que de lame. Un vol tardif d'oies migratrices les survolèrent et Aristide s'arrêta pour écouter. «Ne perds jamais de vue ce qui est mystère dans la vie» avait-il dit. «Eh bien, Vieux Pop… c'est un mystère pour moi que tu aies pu abattre tous ces grands cyprès et ne jamais m'en parler» pensa le garçon. «Je ne vais pas oublier ça; tu peux me croire.»

Ti Frère observa les oies jusqu'à ce que les dernières soient parties; puis il redescendit au bord de l'eau. Il ressentit une douleur dans ses muscles noués tandis qu'il pagayait vers le chenal qui, d'après Vieux Pop, le mènerait

directement au Bayou à 600 dollars. Il savait que ce ne serait pas un voyage facile.

Je n'ai rien mangé depuis ce repas sur la véranda—c'était quand?—avant hier, je crois. Ça me paraît plus loin. J'ai froid et je suis trempé. J'ai mal dormi, pourtant c'est vraiment que j'étais fatigué. Je commence seulement à retrouver mon chemin, et je suis déjà épuisé. Malgré la sécurité qu'elle offre, j'aimerais bien que ma pirogue soit plus petite et plus légère. Je ne sais pas si je vais pouvoir arriver à bout de ce bayou.

Le congo — mocassin à gueule blanche

Ti Frère n'avait fait que deux miles environ quand il pensa voir les grands chênes que Vieux Pop avait décrits, les arbres où des Amérindiens avaient jadis vécu. Il s'anima à l'idée d'être à mi-chemin de la sortie et se mit à pagayer plus vite et avec moins de prudence. Il ne se rendit compte de son erreur que lorsque sa pirogue massive eut glissé sur un rondin de cyprès légèrement submergé et resta plantée là. Parfois, quand un bateau est logé sur une bille ou une souche, il peut facilement être dégagé en déplaçant simplement le poids à l'intérieur du bateau de façon à s'éloigner du point de contact avec l'objet submergé. Mais, quelquefois le bateau est si fermement accroché qu'il ne se dégage pas de lui-même, et il faut se mettre à l'eau pour le libérer.

Avec l'intention de se redresser, Ti Frère mit les mains de chaque côté comme il le faisait toujours pour se hisser de son siège et se mettre debout en utilisant les plats-bords de la pirogue comme support. C'est alors qu'il vit, à trois pouces à peine de l'endroit où sa main reposait, qu'un *congo* épais, un mocassin à gueule blanche, gisait immobile et lové sur lui-même, accroché à une petite branche du rondin submergé qui dépassait la surface de l'eau. Ti Frère s'immobilisa, sachant que s'il retirait subitement sa main, le gros serpent frapperait comme l'éclair. Aussi faible et épuisé qu'il était, échauffé d'avoir pagayé aussi vite que possible, le garçon était conscient que le poison circulerait très vite dans son sang et qu'il ne s'en tirerait sans doute pas.

«C'est trop tard dans la saison pour qu'ils soient dehors» réfléchit Ti Frère, tandis que de nouvelles gouttes de sueur commençaient à se former sur sa peau. «À la fin novembre, les serpents devraient être en hivernage. C'est pas normal.» Le garçon se tint plus immobile qu'il ne l'avait jamais été de toute sa courte vie. «Tu peux sentir un mocassin avant de le voir —si tu ouvres tes narines» lui avait dit Vieux Pop. Ses yeux rencontrèrent les yeux encapuchonnés du serpent, et il regarda la langue du reptile glisser de sa gueule, rentrant et sortant. «Un congo peut goûter l'air avec sa langue. Il sent si tu lui es hostile ou pas.» Chaque détail de la tête plate du serpent en forme de coin avec ses lourdes mâchoires lui paraissait clair et net. Ses yeux semblaient être l'essence même du mal, même si le garçon savait qu'aucune créature n'est ni bonne ni mauvaise. Ti Bird s'était envolé quand la pirogue avait heurté le fût, et Mocassin observait

le serpent, sans savoir s'il fallait attaquer ou rester sur place, n'ayant reçu aucun signe de la part de Ti Frère. La tension était à ce point intenable, et l'instant semblait sans fin. Enfin, au moment où Ti Frère s'apprêtait à retirer doucement sa main, le serpent déplaça le regard pour le poser sur Mocassin, qui s'était mis à gronder du fond de la gorge; puis, au ralenti, il commença à dérouler son lourd corps et retourna dans l'eau, choisissant d'épargner le garçon qui tremblait alors.

Pendant plusieurs minutes Ti Frère resta immobile —vidé et soulagé. Quand il eut repris ses esprits, il se déplaça vers l'arrière de la pirogue et appela Mocassin auprès de lui. Avec la somme de leurs deux poids à l'opposé du point d'impact, Ti Frère arriva à repousser le bateau en le dégageant du rondin. Puis, il le contourna, et reprit son chemin.

Les chênes que Ti Frère avait aperçu avant sa confrontation avec le *congo* n'étaient pas ceux dont lui avait parlé Vieux Pop, et il commença à craindre qu'il ne se soit perdu à nouveau, mais continua à pagayer. Il dut faire encore deux miles avant de voir les grands chênes à feuilles persistantes, dressés dans l'eau, des deux côtés du chenal. Il se sentit encouragé et revigoré par la certitude qu'il allait bientôt trouver la sortie du marécage Buffalo, et qu'il en avait fini d'être perdu. Ti Frère pagaya et fit glisser sa pirogue entre les racines et directement sous l'immense tronc du plus grand des étranges

chênes. Mocassin grondait pour l'avertir chaque fois qu'il imaginait qu'une bête sauvage se cachait dans l'obscurité parmi les racines qui formaient une voûte au-dessus d'eux. Ti Bird s'était envolé de son perchoir préféré et avait atterri dans les branches du grand chêne avant que la pirogue ne pénètre dans le réseau de racines. Le garçon s'arrêta sous l'arbre, fasciné par cette chose qu'il n'avait jamais vécue —être sous les racines d'un arbre vivant. Mais, Ti Bird s'inquiéta de ne pas voir la sortie anticipée de la pirogue, et se mit à interpeller ses amis avec anxiété.

Ti Frère resta tranquille quelques moments, essayant d'imaginer ce que la vie des Amérindiens avait pu être. Il savait que les Chitimacha avaient vécu là des centaines d'années ainsi qu'ailleurs dans le Bassin avant que les Blancs ne viennent. Il savait qu'ils vivaient de façon encore plus intime avec la nature et le rythme de vie des animaux sauvages que ne l'étaient lui et son grand-père, et qu'ils n'avaient pas détruit la futaie de cyprès comme l'avaient fait les Blancs. Mais il ne savait rien de leur vie quotidienne: ce qu'ils mangeaient, comment ils chassaient, s'ils vivaient paisiblement, comment ils supportaient les moustiques l'été et le froid en hiver.

J'ai lu quelque peu au sujet du peuple Chitimacha à la bibliothèque de l'école. Un des livres disait que la tribu s'était engagée dans une guerre terrible contre les Français au début des années 1700, et que la tribu avait été pratiquement exterminée. C'était avant que les Acadiens n'arrivent. J'ai demandé à ma maîtresse pour en savoir plus, mais elle ne savait rien, alors j'ai laissé tomber. Il faudra que je demande à Vieux Pop. Il m'a dit une fois, qu'il avait connu quelques-uns des Indiens avant qu'ils ne déménagent tous. Je ne sais même pas où ils sont allés, et je ne sais pas pourquoi ils ont quitté le Bassin. Il disait qu'ils étaient plus familiers avec les esprits que nous.

Ti Frère reprit sa pagaie, caressa la tête de Mocassin et appela Ti Bird tandis qu'il manœuvrait sa pirogue entre les racines massives du gros chêne jusqu'au chenal découpé en ligne droite vers le Bayou à 600 dollars. Il poussait vers l'avant avec une force faite d'optimisme, d'espoir, et du désir grandissant de se réconcilier avec Vieux Pop. Il savait que son voyage ténébreux dans les profondeurs du marécage Buffalo arrivait à son terme.

Je le sais toujours quand Vieux Pop a quelque chose d'important à me dire. «Viens avec moi, Ti Frère, allons marcher un peu» il dit, et on emprunte l'un de ces quelques sentiers qui s'enfoncent dans les bois au delà de la clôture du jardin derrière la maison. Parfois, on cause de patience, à d'autres moments, d'ouverture d'esprit. Il parle souvent de détermination. Il a plus d'idées que tous les professeurs de mon école réunis. Qu'est-ce que c'était qui l'a empêché de me parler de ses jours d'abattage de bois?

Je crois que je commence à pardonner Vieux Pop et à le comprendre. J'espère qu'il va être au bayou à m'attendre, mais peut-être qu'il n'y sera pas. Il n'a jamais su dans quelle direction je suis parti quand j'ai quitté la maison. Il n'était même pas là.

Il devait avoir une raison pour abattre les grands arbres. C'est la personne la plus intègre que je connaisse, et s'il a fait quelque chose d'injuste, il doit y avoir une raison. Je suppose que je ne lui ai jamais donné une bonne occasion de s'expliquer avant de me fâcher et de me sauver. Maintenant, son visage me manque ainsi que sa voix. Je pense que je lui ai fait de la peine.

La Réunion

Vieux Pop attendait à l'entrée du bayou et Ti Frère savait lorsqu'il s'approcha qu'il y avait longtemps que le vieil homme était là-, car le moteur bruyant du bateau d'ouvrage d'Aristile pouvait se faire entendre pendant des miles dans la cyprière tranquille, et Ti Frère ne l'avait pas aperçu. «Je me demande si Vieux Pop a passé la nuit ici à m'attendre» pensa-t-il, «comment savait-il que je sortirais par ici?» Quand sa pirogue se glissa sur la berge près du bateau du vieil homme, Ti Frère bondit et se mit à courir vers son grand-père, manquant de trébucher sur Mocassin qui aboyait de façon animée et cabriolait tout autour de Vieux Pop. Le jeune garçon se précipita sur le vieil homme et, l'embrassant de toutes ses forces, il faillit le faire tomber. Puis, il fit deux pas en arrière et ils se mirent tous deux à rire avant de prononcer un mot. *I'm sorry, Vieux Pop»* dit Ti Frère, juste au moment où Vieux Pop disait «*Toe doit gan faim* —tu dois avoir faim.» Puis, Aristile dit «*We miss' you, boy»* au moment où Ti Frère répondait «*Ma pay mort de faim* –je suis mort de faim.» Et, ils se mirent tous les deux à rire de la confusion de parler en même temps et en langues différentes.

Enfin, ils montèrent dans le bateau d'ouvrage de Vieux Pop où Ti Frère se changea et mit des vêtements secs et Aristile commença à étaler les mets qu'il avait apportés: des sandwiches au rôti de chevreuil sur du pain fait par Octavie, des patates douces froides et du pain de maïs au fromage. Ensuite, il sortit de l'eau un litre de lait frais en bouteille qu'il avait attachée à une longue ficelle et qu'il avait plongée dans les profondeurs froides du bayou. Ti Frère dévora un des sandwiches pendant que Vieux Pop jetait des morceaux de viande à Mocassin, donnant ensuite à manger à Ti Bird. Il tenait des bouts de poissons crus dans son poing légèrement serré, forçant le jeune faucon à farfouiller avec son bec pour les attraper. C'était un jeu que le vieil homme avait souvent vu faire son petit-fils à Ti Bird.

Ti Frère terminait tout juste son deuxième sandwich et Vieux Pop s'occupait de petits détails au moteur de son bateau de pêche quand Aristile décida qu'il n'y aurait pas meilleur moment pour expliquer à Alexson ce qui s'était passé au moment où il avait accepté de travailler comme bûcheron. Il tendit la main et toucha son petit-fils pour attirer son attention.

«Ti Frère» il commença «pour abattre les grands arbres, j'étais très fort—un champion. J'étais presque aussi bon avec une hache que Lash Larue avec sa longue chambrière. Je pouvais faire tomber un gros arbre et avant qu'il ne touche la terre, ma hache acérée entaillait à l'arbre suivant. Et, j'avais sauté d'un tremplin à l'autre. Il faut faire ce qu'on sait le mieux faire dans cette vie. La fierté que je prenais à abattre les arbres était une de mes lianes. J'aurais pu faire autre chose… Ça, je le sais maintenant, mais en ces temps-là, il n'y avait personne pour déraciner cette liane et m'en défaire. D'ailleurs, je ne l'aurais pas laissé… même Choupique ne pouvait m'aider. J'avais vingt ans!

«J'aurais pu construire des bateaux, j'aurais pu faire des filets et attraper des poissons et des tortues comme je le fais maintenant. Mais ce que je voulais faire, c'était abattre des arbres, et j'étais bien payé par la compagnie d'abattage de bois. Je croyais que j'étais quelqu'un de spécial. Je ne me suis pas laissé à ressentir quoique ce soit pour la grande forêt que contribuais à détruire. Tout ce que je voyais, c'était les fûts qui attendaient d'être coupés. Je n'avais pas plus l'intelligence de ce que je faisais qu'un chien de chasse quand il court après le chevreuil afin que le chasseur puisse l'abattre. Si le chien fait bien son travail, il est caressé, loué et bien nourri. Qu'est-ce que le chevreuil peut lui faire? Si un temps vient quand tous les chevreuils sont exterminés, le chien sera dressé à faire autre chose. Et les gens qui ne voulaient qu'admirer les chevreuils et vivre dans un monde où les animaux sauvages peuvent se promener en toute sécurité dans les forêts anciennes? En ce qui concerne le chien ou les chasseurs, que ces gens aillent visiter le zoo.»

Aristile remplit son réservoir en prenant un vieux bidon à essence de vingt litres qu'il gardait toujours sous une bâche à l'arrière du bateau de pêche. Il regarda Ti Frère qui s'installait avec Mocassin sur une pile de vieux sacs au centre du bateau. Il savait que le garçon s'endormirait tout de suite malgré le bruit que faisait son moteur à deux temps.

«Tu plains les chevreuils, Ti Frère, et la forêt enchantée qui a été transformée en un terrain marécageux à moignons? Alors, plains-moi en même temps» dit le vieux pêcheur, tandis qu'il se penchait et mettait la main sur l'épaule du garçon assoupi. «Je suis un homme qui a détruit, avec mes propres mains, la chose la plus merveilleuse et la plus belle que j'ai jamais vu de mes propres yeux.»

«Vieux Pop» dit le garçon, la tête baissée. Puis, levant le regard, il retrouva les yeux gris d'Aristile: «J'ai tué un lapin. Et je l'ai jeté à lx'eau.»

«Je sais. Je l'ai vu.»

«Je regrette ça j'ai fait.»

«Je sais.»

Aristile s'installa à nouveau dans son vieux siège de bateau en bois de cyprès, rendu lisse et brillant par le contact avec son fond de pantalon au cours des nombreuses années d'usage. Donnant un tour de manivelle, son vieux moteur à répétition se mit en marche bruyamment.

Alexon dormait déjà quand Aristile eut fini de guider le bateau, pirogue en remorque, loin de la berge et au centre du bayou.

«Ecoute, Ti Frère…» dit Aristile; il tendit la main vers son petit-fils, et se rendit compte qu'il dormait. Il prononça les mots quand même —non pas vraiment pour lui-même, mais presque sans bruit, contre le vent froid de la fin novembre et le vrombissement du simple et vieux moteur: «Je voulais te dire, Alexon, que je commence à comprendre l'affiche qui pend sur le mur de ma chambre. Je crois que le plus grand défi des êtres humains est de découvrir l'humilité qui est notre vraie nature.» Il s'interrompit : «On va trouver le temps de parler de ça un jour, peut-être demain.» Il fit de nouveau une pause: «…ou, peut-être l'année qui vient.»

Epilogue

Pour Vieux Pop, le bassin de l'Atchafalaya était le centre de l'univers. De temps en temps, il appelait la rivière «la toute puissante.» Il communiquait avec les esprits de la nature. Sa présence ne quittera jamais les grands bois. Je la sens chaque fois que j'y retourne, et je me demande pourquoi je suis parti. Où est le centre de l'univers pour moi, pour Ti Frère? J'ai bourlingué au Nord, au Sud, à l'Est et à l'Ouest, et je suis toujours à la recherche de quelque chose, comme Wilferd dans la vieille malle, et… j'entends quelqu'un rire.

Le Bassin est le seul endroit où je me retrouve en paix. Si je ferme les yeux, je peux voir Vieux Pop en train de fabriquer une pirogue, et traquer un chevreuil dans les bois secs du mois de novembre. Je le vois tourner le gumbo sur le grand poêle, jouer aux cartes et faire de la musique avec ses amis. Chaque détail est clair et défini, comme les images d'une vieille photo en noir et blanc. Je me trouve encore là, assis sur le coffre à bois, à moitié endormi, en train de rêver d'arbres géants qui ne seront jamais plus.

J'entends la musique de son accordéon et le bruit retentissant de son moteur à deux temps qui se répète en écho à travers les cyprières. Je sens le café et le gumbo qui réchauffent sur le poêle. Je crois que le centre de mon univers réside dans le souvenir de Vieux Pop, et dans ma compréhension du sens de sa vie, car je soupçonne que je n'ai pas encore fini d'être perdu.

«N'importe quel imbécile peut détruire les arbres.
Ils ne peuvent se sauver;
et, si même ils le pouvaient ... ils seraient...
traqués tant que, de leurs peaux d'écorces,
on peut tirer de quoi se divertir ou bien un dollar!
Tout au long de ces siècles merveilleux,
remplis d'événements depuis l'époque de Jésus Christ—
et longtemps avant cela—
Dieu s'est occupé des arbres...
mais Il ne pourra les sauvegarder des idiots—
seul l'Oncle Sam peut le faire.»

John Muir
1838-1914

Discours de Sealth

(apocryphe)

La terre est notre mère. Commençons ainsi.

Comment peut-on acheter ou vendre l'air ou la chaleur de la terre? Nous avons du mal à l'imaginer. Nous ne possédons pas l'air embaumé ou l'étincelle sur l'eau. Comment donc pouvez-vous nous les acheter?

Pour mon peuple, tout est sacré: chaque pin brillant au soleil, chaque plage sablonneuse, la brume qui enveloppe les bois sombres, tout espace, toute abeille qui bourdonne et chaque aspect de la terre est sanctifié, tenu pour sacré dans sa mémoire et dans son expérience.

Nous faisons partie de la terre et la terre fait partie de nous. Les fleurs parfumées sont nos sœurs. Le renne, le cheval, le grand aigle sont nos frères. Les hauteurs rocheuses, les crêtes mousseuses des ondes de la rivière, la sève des fleurs de la prairie, la chaleur du corps du poney—et des êtres humains— tous appartiennent à la même famille.

Aussi quand le Grand Chef à Washington envoie dire qu'il veut acheter notre terre, il nous demande un très grand sacrifice.

Nous savons que l'homme blanc ne comprend pas notre façon de vivre. Pour lui, un terrain ressemble à un autre. Il est l'étranger qui vient dans la nuit et prend à la terre ce qui lui manque. Plutôt que d'être son ami, il est son ennemi. Puis, quand il l'a conquise, il continue son chemin. Il se moque complètement de la terre. Il abandonne la tombe de ses parents et néglige l'héritage de ses enfants. Il agit envers sa mère —la terre, et le ciel —son frère, comme s'ils n'avaient qu'une valeur marchande. Sa faim dévorera la terre jusqu'à ce qu'elle devienne stérile, et qu'il n'en reste plus qu'un désert vide.

J'ai vu un millier de buffalos abandonné par l'Homme Blanc—tués à coup de carabine d'un train de passage. Je suis un sauvage et je ne peux pas comprendre pourquoi le cheval de fer haletant serait plus important que le buffalo que nous tuions uniquement pour demeurer en vie. Que sont les êtres humains sans les bêtes? Si elles cessaient toutes d'exister, une grande solitude d'esprit ferait expirer les êtres humains. Car, ce qui peut arriver aux animaux peut bientôt arriver aussi aux être humains. Continuez à souiller votre lit et, une nuit, vous suffoquerez dans vos propres excréments.

L'humanité n'a pas tissé la toile de la vie. Nous ne sommes qu'un des fils de sa trame. Tout ce que nous faisons à cette toile, nous le faisons à nous même. Tout est lié. Toutes les facettes de la vie se communiquent entre elles. Tout ce qui advient à la terre advient en même temps aux enfants de la terre.

Discours adressé au Président Franklin Pierce—1855, par Sealth (pour les Blancs: Chef Seattle)

"Halibut for Dinner," with an octopus inside…
Designed and hand painted by Tyra Huestis of Ketchikan, Alaska;
inspired by the work of Roy H. Vickers - British Columbia, Canada

Greg Guirard, téléphone: 337/394-4631;
numéro de Fax: 337/394-3536
Adresse postale: 1470-A Bayou Mercier Road
St. Martinville, LA 70582/U.S.A.

Other Books by Greg Guirard:

Seasons of Light in the Atchafalaya Basin (out of print)

Cajun Families of the Atchafalaya –
    English with French Translations

The Land of Dead Giants – English only
    limited, numbered first edition

Atchafalaya Autumn

Works in Progress:

Inherit the Atchafalaya

Psychotherapy for Cajuns –
    A Traditional Culture Struggles for Survival in a
    Crazy World

The Land of Dead Giants is an on-going story. The author has recently completed three additional chapters that are not included in this bilingual edition. If you wish to receive these extra writings, send $5 (shipping included), to the address on page 103 or 207.

You'll also receive "The Meaning of Harold & Myrlte Bigler," the story of a real-life couple who spent their entire lives on the banks of the Atchafalaya.

For French translations, add three dollars.

This book is printed on partially recycled paper.